지금도 우리는 유풍농원에 산다

정은희 지음

모악

프롤로그
이번 정류장은 유풍농원입니다

곡성에서도 가장 외딴 자리, 통명산 자락 부릿재. 아빠는 이 땅에 뿌리를 내렸다. 스물넷 청년이 맨손으로 고른 황무지였다. 사람들은 그곳을 '유풍농원(裕豊農園)'이라 불렀다.

그 이름에는 한 방랑자의 발자취가 스며있다. 아빠의 아재 되는 분으로, 집은 제주도에 있다고 했지만 그에게 집은 그리 중요하지 않았다. 젊은 시절부터 김삿갓처럼 걸어서 전국을 떠돌며 사는 사람이라 정삿갓으로 통했다. 돈을 벌어 생계를 잇는 사람이 아니었다. 한문에 능하고 족보를 통째로 외워서, 일가친척이든 남의 집안이든 그 인연으로 밥을 얻어먹고 하룻밤 묵으며 떠도는 사람. 초계 정씨 몇 대손이 어디에 사는지, 심지어 다른 성씨 집안의 족보까지 훤히 꿰고 다녔다. 어쩌다 길이 어두워지고 일가친척 집에 닿지 못하면, 아는 족보를 꺼내 남의 집안사람 행세를 하며 묵어가기도 했다.

우리 집과의 인연도 오래다.

1970년대 중반, 잠업(養蠶)으로 형편이 한창 넉넉하던 때부터 1980년대 초 과수원과 축산업, 밭농사로 농원을 3만 평까지 넓혀가던 시절까지, 그는 우리 농원에 틈틈이 들렀다. 하루 이틀 묵으며 밥을 얻어먹었지만, 우리 식구는 거부감이 없었다. 170cm가 조금 넘는 평범한 키, 호인형 인상, 지긋한 나이, 편안한 말투 덕에 누구와도 금세 어울렸기 때문이다.

어느 날, 새집 마당 청단풍나무 아래 대나무 평상에서 점심을 먹던 그가 아빠에게 밥값을 하듯 말했다.

"농장이 이렇게 커졌으니 이름이 있어야지. 넓은 땅만큼이나 자네 성품도 너그럽고 하니, 넉넉할 유(裕), 풍년 풍(豊). 유풍농원이라고 하세."

정삿갓의 입에서 흘러나온 한자 풀이에, 아빠는 그 이름을 마음에 담았다.

시간이 흘러 1992년, 아빠는 '유풍관광농원'을 열었다. 대중교통을 타고 오는 손님들이 많아지자, 곡성 군내버스 정류장에도 '유풍농원'이라는 이름이 붙었다.

2025년, 지금도 곡성 군내버스를 타면 안내방송이 나온다.

"이번 정류장은 유풍농원입니다."

안내방송이 울릴 때마다, 33년간 지켜온 땅과 그 세월을 함께 가꿔온 가족의 숨결이 들려온다.

차례

프롤로그 이번 정류장은 유풍농원입니다 2

1부 아빠의 정원, 유풍농원 전말기

여는 글 바람 속의 정원사 10

1장 씨앗: 나무 사랑이 움트는 시간

금계마을, 불 속에서 다시 뿌리내리다 14
벼농사 다수확 실패와 들쥐 사건 19
나무 사랑의 씨앗을 뿌린 사람 21
동녀산에 심은 신품종 밤나무 '은기' 23
이태리포플러 묘목장 25

2장 뿌리: 멀리 뻗는 뿌리, 넓어지는 터전

금계리에서 부럿재로 28
뽕나무밭에 뿌리내린 사랑 31
잠업과 뽕나무밭 확장 34

과수원의 꿈 39
감나무와 포도나무 40
복숭아나무와 자두나무 42
살구나무 44
사과나무와 밤나무 45
블루베리와 키위나무 47
매실나무와 대추나무 50
방죽에 빠진 소 52
떠오른 향어 54

3장 줄기: 하늘로 뻗는 야심

유풍관광농원 59
통나무집 두 채 63
유풍농원의 나무들, 왼쪽으로 들어서면 65
유풍농원의 나무들, 오른쪽으로 들어서면 69
유풍정원의 돌들 79
유풍농원 정류장 83

4장 가지와 잎: 절정과 그늘

72평 기와집 연회장을 짓고 86
연못정원 야외결혼식 91
몰락 95
경매 99
귀향 106
도라지 산행 111

5장 꽃과 열매: 두 번째 계절, 다시 피어나는 정원

다시, 나무로 116
이끼섬이 된 축구공 121
돌 위에 피어난 공생의 문장들 124
햇빛을 알아가는 시간 129
루피너스, 정원의 무대에 서다 134
블루베리의 여름 140

닫는 글 방치의 생태학과 시간의 정원 144

2부 할머니의 정원 십계명

여는 글 손끝에 새긴 계절의 법칙 150

제1계명: 뻘로 볼 게 아니구만—네메시아 155
제2계명: 꽃이 그렇게나 좋게 피더니—동백꽃 163
제3계명: 나눠 먹을라고 하는 거여—쑥 168
제4계명: 약은 정성이 반이여—민들레 174
제5계명: 잘 다녀와라, 와—곤줄박이 181
제6계명: 곱다, 고와—잔대 190
제7계명: 이제나 저제나 올까—상사화 196
제8계명: 향이 좋잖애—방앗잎 204
제9계명: 그때는 젊은디 어디가 아파—쇠물팍 210
제10계명: 쓴맛은 다 보약이 돼—머위 219

닫는 글 엄마나무, 히말라야시다 226

에필로그 지금도 우리는 유풍농원에 산다 232
부록 나의 할머니, 이순복 236

1부
아빠의 정원, 유풍농원 전말기

여는 글
바람 속의 정원사

아빠가 연못가 향나무 가지를 자른다. 연못 둘레돌 사이에 뿌리 내린 지 33년째. 우리 집 정원이 유풍관광농원의 얼굴이자 쉼터로 잘나가던 시절, 물가로 나와 일광욕을 즐기는 자라 모양으로 자란 적도 있었다. 지금은 연잎이 햇빛을 잘 받아 꽃대를 많이 올리도록, 곁에 자라는 철쭉이 치이지 않도록 웃자란 가지를 쳐낼 뿐 특별한 모양새를 잡아주진 않는다.

여든을 바라보는 나이에도 아빠는 조경공사 현장을 감독하고, 무성해진 정원수들의 가지를 잘라 햇볕이 들도록 한다. 반백의 머리칼이 바람에 헝클어져 넓은 이마를 살짝 가린다. 주름진 얼굴엔 땀방울이 맺혀 있다. 영화배우처럼 잘생긴 이목구비와 시원한 턱선. 엄마는 편지글 솜씨만큼 수려한 아빠의 외모에 반해서 펜팔 3년, 세 번의 만남 끝에 결혼을 결심했을지도 모른다. 물론 아빠의 진중하고 지적인 말투, 고독한 모습이 매력적이었다고 했지만, 엄마는 여전히 잘생긴 배우를 좋아한다. 이병헌 배우랑 아빠가 많이 닮았다고 한다. 아빠의 학창 시절, 결혼식 사진을 보면 이병헌 배우의 모습과 겹친다. 얼굴뿐만 아니라 키, 넓은 어깨와 가슴, 다부진 몸매도 비슷하다. 광주 조대부고 시절, 불량배들한테 걸려 혼쭐이 난 뒤로 유도, 복싱, 덤벨로 꾸준히 체력단련을 했고, 통명산 골짜기와 고개를 수없이 누비고 다녀서 그런지 체력이 좋은 편이다. 해마다 가을이 되면 산세가 험난한 산으로 능이버섯, 송이버섯을 따러 다닐 정도다. 생각이 많고 무뚝뚝한 편이지만, 다른 사람의 말을 잘 들어줘서 아빠 주변에는 늘 사람들이 많았다. 가족에 대한 사랑도 말보다는 행동으로 표현한다. 어린 시절부터 아빠와 함께한 추억이 많다. 여름이면 계곡이나 강, 바다로 놀러가고 밤낚시 다니고 맛집 탐방도 자주 갔다.

아빠의 나무 사랑은 가족 사랑과 다르지 않다. 시간과 돈과 힘을 다해 나무를 심고 돌본다. 10여 년 전 조경회사를 운영하는 언니가 장비 비용을 들여 집 뒤에 있는 밭에 소나무 스무 그루 정도를 뿌리돌림해서 가식해 놓았다. 지난겨울이 끝나갈 무렵, 그 소나무들 중 열다섯 그루를 판매해서 2천만 원 정도를 받게 되었다. 우리 집 부엌이 낡고 춥고 불편해서 수리하려고 견적을 받아보았더니, 2천만 원이 좀 넘게 나왔다. 그런데 아빠는 그 돈을 몽땅 새로운 소나무밭을 만드는 데 써버렸다. 남동생이 경기도에 살다가 집으로 내려왔을 때도 전세금 빼온 돈 중 일부로 소나무 묘목을 사서 심었다. 그때 심은 소나무들이 너무 빽빽하게 자라고 있어서 솎아내 넓은 밭으로 옮겨 심은 것이다. 굴착기를 부른 김에 느티나무, 단풍나무, 벚나무, 배롱나무밭도 손을 봤다. 작년까지 옥수수를 심었던 밭에는 해당화 묘목을 심었다. 조경수로 잘 가꿔두면 언젠가는 찾는 사람이 있겠지만, 굴착기 장비값과 인건비가 비싸서 투자된 돈을 회수

할 수 있을지 걱정이다. 가족들이 한마디씩 했지만 아빠 고집은 꺾을 수 없었다. 결국 자연환경을 위해 좋은 일 한 셈 치자고 했다. 밭농사를 지어 수익을 올리기에는 부모님 연세가 많아 힘들다. 남동생도 수익이 나지 않는 고된 밭농사 대신 조경기사 일을 하고 있어 넓은 밭을 다 묵히는 것보다는 나무라도 심어 가꾸는 게 나을지도 모른다.

아빠의 나무 사랑은 오래된 이야기다. 아니, 그 사랑은 사실상 '잿더미' 위에서 시작되었다. 고등학교 2학년 겨울, 집이 전소되는 화재를 겪은 후, 학교를 그만두고 할머니와 함께 농부의 길을 택한 열아홉의 아빠. 매캐한 불냄새를 삼키고, 무너진 집터 위에 낫과 괭이로 삶의 기초를 다시 일구던 그 시절, 아빠는 나무를 심기 시작했다. 더디 자라지만 깊게 뿌리내릴 것들을.

유풍농원

1장
씨앗: 나무 사랑이 움트는 시간

금계마을, 불 속에서 다시 뿌리내리다

통명산은 곡성의 제1고봉이다. 동악산이 봄 벚꽃과 계곡으로 이름이 났지만, 곡성의 산세를 한눈에 읽으려면 통명산에 올라야 한다. 정상에 서면 섬진강과 보성강을 가르는 능선이 시원하게 펼쳐진다. 지리산에서 뻗어 내려온 산줄기가 동서로 갈라져 흐른다.

이 산자락에는 고려를 세운 명장 신숭겸과 조선 건국에 기여한 마천목 장군의 이야기가 전해진다. 두 장군의 묘와 사당이 아직도 통명산 자락에 남아 있다.

금계마을은 통명산 자락의 가장 높은 곳에 자리한다. 예부터 하늘의 금계가 알을 품은 형국, 금계포란형(金鷄抱卵形) 명당이라 했다. 닭이 알을 품듯 포근히 감싸 안은 산세는 풍요와 길상을 간직했다. '한해(寒害)는 있어도 가뭄은 없다'는 말이 있을 만큼 땅은 기름지고 물은 풍부했다. 쌀맛이 좋기로도 유명했다. "금계리 쌀을 먹고 죽은 송장은 무겁다."는 농담이 돌 정도였다.

아빠는 1947년 곡성군 삼기면 금계리 339에서 태어났다. 부친 없이 자라, 어린 시절을 늘 조부의 품에서 보냈다. 조부는 인자하고 후덕한 분이었다. 한문학을 독학해 마을의 작명과 혼례 날짜를 봐주는 어른이었다. 손자를 무척 아끼며, "전답을 팔아서라도 대학까지 꼭 보내겠다."는 꿈을 품고 살았다.

1964년 12월 5일. 고등학교 2학년 겨울. 방과 후 자취방에 앉아 있는데, 신문사에서 일하던 외삼촌이 숨을 몰아쉬며 뛰어들었다.

"금계마을에 큰불이 났어. 막차라도 타야 해."

그날 밤, 막차에서 내려 3km 산길을 걸었다. 마을 어귀에 섰을 때, 어둠 속에서도 마을 대부분이 시커멓게 변한 게 보였다. 초겨울 바람은 살을 에었고, 타다 남은 나무와 곡식 냄새가 매캐하게 코를 찔렀다.

불은 셋방에 살던 한 주민의 부주의에서 시작됐다. 거센 겨울바람이 불씨를 날리자, 초가지붕들은 순식간에 화염에 휩싸였다. 마을의 집들은 네댓 채를 제외하고 스물일곱 가구가 불에 타 사라졌다. 고향 집도 잿더미였다. 나의 증조할아버지는 중화상으로 병원에 입원했고, 할머니는 가벼운 화상을 입었다. 1년 동안 땀 흘려 지은 농사의 수확물, 김장독, 가재도구까지 모조리 불타버렸다.

지은 지 오래되지 않은 기와집 몇 채, 그 기와집이 막아준 변두리의 몇 집만이 불길을 피했다.

불에 탄 잔해를 긁어내고, 흙과 볏짚을 섞어 돌을 주워와 토담식 움막집을 지었다. 그곳에서 엄동설한 겨울을 버텨야 했다. 조대부고 친구들 다섯 명이 먼 길을 와서 "방학이 끝나면 함께 공부하자."고 했지만, 학업을 계속하는 것은 불가능했다. 병상에 누운 조부와 홀어머니를 두고 학교로 돌아갈 수 없었다. 그동안 조부와 어머니

덕에 일이라고는 모르고 살아왔다. 그러나 그때부터 손에 책 대신 낫과 괭이를 들고, 등에는 지게를 진 10대의 농부가 되었다.

혹한을 넘기는 데는 친척들의 도움이 컸다. 외조부는 겸면 송강리에 살았다. 8~9km 되는 길을 지게에 생필품을 지고 찾아왔다. 멍석 두 장을 지고 걸어온 날도 있었다. 볏짚으로 엮은 멍석은 겨우내 한 장을 짤 수 있는 귀한 물건으로, 무게가 25kg이었다. 농사꾼에게는 꼭 필요한 수공예품이었다. 곡성읍 동막마을의 이모할아버지도 집 짓는 일을 오래 도와주었다.

봄이 오자 논밭과 집터가 기다리고 있었다. 손길은 더 바빠졌다. 못자리를 만들고, 밭에는 씨앗을 뿌렸다. 집을 짓기 위해 산에서 목재를 베어내고 다듬었다. 목수들 뒷바라지도 했다.

마을 원로들은 지붕에 기와를 얹기로 했다. 재력이 있어서가 아니다. 불길이 휩쓴 자리엔 지붕을 덮을 볏짚 한 줌조차 없었다. 다행히 옛날부터 기와를 구워온 사람이 있었고, 낡은 기와막이 남아 있었다. 점토가 풍부한 점밭등은 예전부터 도공들이 옹기를 구워온 자리였다.

하지만 기와를 구울 장작이 없었다. 마을 뒷산의 쓸 만한 나무들은 집의 뼈대로 쓰였다. 통명산 자락에 마을이 들어선 지 200여 년, 난방용 땔감으로 산의 나무는 이미 베어낸 지 오래였다.

보릿고개를 넘기느라 허기진 몸, 도공과 화목을 구해오는 고된 발걸음, 척박한 자연. 모든 것이 쉽지 않았다. 주민들은 합심했다. 곡성군청이 삼기면 27개 자연 마을을 동원해 자재를 실어 날라주었다. 재건을 위한 임시 도로도 열렸다. 3년 동안 나무를 구하고, 진

흙을 반죽하고, 목수와 도공이 손을 맞췄다. 마침내 스물일곱 가구 모두가 동일한 기와집으로 새 단장을 마쳤다.

구호품은 옷가지와 이불, 약간의 식량뿐이었다. 탄 냄새 밴 쌀을 잿더미 속에서 퍼내어 물에 담가 밥을 했다. 불그스름한 색, 가시지 않는 탄내. 그 쌀을 새 곡식이 날 때까지 먹어야 했다. 건강한 사람도 먹기 힘든 그 밥을, 증조할아버지는 묵묵히 삼켰다.

화상 후유증은 깊었다. 화재 이듬해 음력 9월 5일, 증조할아버지는 세상을 떠났다. 아빠는 홀어머니와 단둘이 남았다. 친척들의 도움을 받아 증조할아버지를 마을 옆에 모신 뒤, 슬퍼할 겨를도 없이 생계를 위해 다시 농사일에 뛰어들었다. 갑작스럽게 열아홉 살 농부가 된 아빠는 청년다운 기운으로 자신만의 자리를 일구어 갔다.

불탄 옛집은 동네 뒤 외지고 높은 곳이라 아빠는 동네 가운데 터를 잡았다. 금계리 366. 기와를 얹은 새집은 부엌 한 칸, 큰방과 작은방이 있는 세 칸 집이었다. 행랑채에는 작은 변소 한 칸, 그 옆에 소마구가 붙어 있었다. 소죽을 끓이느라 행랑채 사랑방 아궁이에 불을 땠다. 방구들이 뜨듯해지면 동네 친구들, 후배들, 선배들이 다 모여들었다. 봉석이 형님이 화투를 좋아해서 함께 성냥개비 내기 화투를 쳤다. 나중엔 동전 내기, 먹기 내기도 했다. 다른 오락거리가 없어 책을 돌려 읽기도 했다.

예닐곱 명이 모여 밤중까지 놀다보면 누군가 선동했다.

"야, 닭서리 한번 헐까?"

아랫마을 봉용으로 내려가서 닭을 잡아다먹었다. 그때는 집집마다 장태에 열댓 마리쯤 가용닭을 키웠다. 서리한 닭을 재 너머에 와서 털을 뽑아 잡아먹었는데, 한 번은 탄로가 나서 크게 혼쭐이 났다. 옆 마을 용계로 가서 수박서리도 하고, 남의 집 담장 너머 단감도 따다 먹었다. 젊은 혈기가 뜨거웠던 시절, 아빠는 마을 청년들과 어우러져 청춘을 보냈다.

금계리 윗당산 아래 공터에 배구장을 만들었다. 아빠는 마을 청년들 10여 명과 점심만 먹으면 배구를 했다. 매일 열심히 뛴 덕분에 해마다 열리는 삼기면 부락 대항전에서 금계리는 늘 1등을 차지했다. 삼기면에서 제일 큰 근촌마을에서 뽑힌 청년들도, 밥만 먹으면 잠깐씩이라도 모여 연습하는 금계마을 청년들을 이기지 못 했다. 순천교회에서 열리는 배구대회에도 나갔다. 배구 실력이 알려져 교회를 다니지도 않는데, 근촌교회 선수로 뛰어달라는 요청이 들어온 것이다.

아랫마을 봉용에서 여자아이들이 풀을 베러 올라오면, 짓궂은 청년들이 건드리려 했다. 그럴 때마다 아빠는 말렸다.

"좋은 말 할 때, 그만 허고 얼른 가그라."

동네 여동생들을 지켜주고, 금계 청년들이 다른 마을 여자아이들을 괴롭히지 못하게 한 것이다. 들에 나가 풀을 베면, 어느새 아빠 주변으로 여자애들이 모여들었다. 키가 크고 몸집이 단단한 데다 말투도 똑 부러져 든든했다. 웃음소리와 이야기꽃이 아빠를 중심으로 번져나갔다.

어느 날 술주정뱅이로 소문난 '먹굴서샌'이 아빠 집 울타리 옆을 지나가다 할머니와 시비가 붙었다. 말다툼이 점점 커져 이야기를 들어보니 잘못은 할머니 쪽에 있었다. 아빠가 나섰다.

"어머니가 잘못헌 것인게, 그만 두셔야겠소."

스무 살도 안 된 청년이 가족을 두둔하지 않고 잘잘못을 따져 단호히 말하자, 서씨는 입을 다물었다. 그때부터는 아빠 앞에서 언행을 조심했다. 동네 사람들 사이에서 '똑똑하고 야무진 청년'이라는 소문이 퍼졌다.

벼농사 다수확 실패와 들쥐 사건

초보 농사꾼의 길은 험했다.

국민학교를 졸업하고 곧바로 농사일을 도운 친구들은 이미 베테랑이 되어 있었다. 손은 번개처럼 빨랐고, 힘도 좋았다. 소 먹일 풀 베기든 땔나무 패기든, 같이 나서면 늘 두 배는 빠르게 목표량을 채웠다. 따라잡아보려다 숨이 턱까지 찼다. 보다 못한 친구들이 꼴망태를 채워주고, 지게에 땔감을 얹어주기도 했다. 하지만 매번 도움을 받을 수는 없었다. 그 무게가 곧 고통이 됐다.

아빠는 불에 타버린 집 때문에 어쩔 수 없이 농사를 짓게 되었지만, '성공해야 한다'는 마음으로 책을 찾아보고 혼자 궁리하며 새로운 방식을 고민했다. 전통 농사법만 고집하는 어른들이나 부모 말만 따르는 청년들과는 달랐다.

그러나 단련이 안 된 산골 초보 농부의 애환이 많았다. 화재를 당한 가정에 구호품으로 밀가루 한 포대씩이 배정되었다. 도로변에 내려놓아, 그걸 지게에 짊어지고 해발 400m 산길을 올라 집으로 가져와야 했다. 중간쯤까지는 그런대로 견딜 만했는데 차츰차츰 힘에 겨웠다. 쉬었다가 짐을 지고 일어나려면 다리가 어찌나 떨리고 힘든지 겨우 일어나 조금 오르다가 쉬기를 수십 차례 반복하며 겨우 집에 도착했다. 완전 녹초가 돼 버려서 50여 년이 지난 지금까지도 선명하게 기억에 남아 있다.

그래도 몇 해가 지나자, 몸과 손끝이 조금씩 농부의 모양을 닮아갔다. 농사꾼이 되고 보니 우선 눈에 띄는 것은 노력에 비해 너무도 낮은 소득이었다. 도회지에 비해 한참 뒤떨어진 생활수준과 문화적인 불평등에 가슴이 아팠다. 이를 해소할 길을 찾기 위해 고민하기 시작했다. 새로운 농법을 탐구하며 부농의 꿈을 향해 발을 내디뎠다.

다수확 쌀농사를 위해 당시 일본에서 연구 개발한 비닐 보온 밭못자리를 만들었다. 대실다랑지 두세 마지기 정도의 다랑논에 시험 재배를 했다. 조기 이앙을 하고, 모가 자라 논을 가득 채워갈 무렵 통풍이 되도록 4점 5조식으로 간격을 두어 모내기를 했다. 병충해 관리에도 힘썼다. 관행 농사법으로 지은 모장에 비해 월등한 수확량 증가를 자신할 만큼 성공적인 농법이라 생각하고 큰 기대를 했다. 관행 모내기보다 한 달 가까이 빨리한 데다 건강한 모의 이식으로 왕성한 생육이 계속됐다. 초여름 바람이 불면 초록 물결이 일렁였다. 물 위로 반사된 햇빛은 눈부셨고, 논두렁마다 잠자리와 개구리가 바쁘게 오갔다. 건강하게 자란 벼를 보고 마을 사람들이 감탄하며, "올해는 느그 논이 젤로 먼저 익겄네." 하고 부러움 섞인 말을 건넸다. 누가 봐도 작황이 좋았다. 과연 얼마만큼의 증산이 되는가

만 기다리는 중이었다. 모든 정성을 쏟아 부은 논의 벼들이 누렇게 익어가고 있었다.

조기 수확을 앞둔 9월 말, 논에서 이상한 조짐이 보였다. 누렇게 물들어야 할 논이 군데군데 허옇게 헐벗어 갔다. 가까이 다가가 보니 앙상해진 이삭들이 벼포기 아래에서 쏟아져 눕혀 있었다. 바닥에는 쌀알 껍질이 흩어졌다.

통명마을의 논들은 대부분이 옛날 어르신들의 수작업으로 만들었다. 경사진 능선을 따라 구불구불한 논두렁에다 높이도 보통 1~2m로, 허물어짐을 방지하기 위해 돌을 쌓아 수평을 이룬 다랑논이다. 논두렁에 돌 틈이 많아 들쥐들의 보금자리가 넘쳐났다. 다른 논보다 빨리 여물기 시작한 아빠의 조기 다수확 논으로 근방의 쥐들이 모여들어 잔치를 벌였다. 예상치 못한 들쥐의 대이동으로 논 전체가 살아 있는 먹이창고가 돼 버렸다.

나무 사랑의 씨앗을 뿌린 사람

다수확 논의 꿈이 들쥐 이빨에 갉아 먹혀 허물어졌을 때, 고교 시절 스승인 이재양 선생님이 산을 이용한 소득사업에 중점을 두라는 말씀이 생각났다.

조대부고 1학년 때, 그 선생님을 만났다. 키가 180cm 정도로 훤칠하고 잘생긴 지리 선생님이었다. 항상 양복만 입었고, 바지 주름을 빳빳하게 잡아 무릎이 접히지 않게 다녔다. 패션모델 버금가게 멋진 선생님은 수업시간에 가끔 인생에 대한 조언도 해줬다. 그 당시 광주 조대부고에는 시골에서 온 학생들이 많았다. 어려운 시절이었던 만큼 농사꾼 수입으로 자녀를 고등학교에 보내는 게 힘들어 대부분 전답을 팔아 학비를 대는 형편이었다. 그 당시 시골에서 국민학교를 졸업하고 중학교로 진학하는 학생들이 20%, 고등학교까지 가는 학생은 10%밖에 되지 않았다. 아빠가 다녔던 삼기남국민학교 졸업생 42명 중 11명이 중학교에 진학했다. 대학까지 졸업시키려면 몇 대째 지켜온, 부모님의 소중한 논밭을 보존하기 힘들었다. 전답 대여섯 마지기씩은 팔아야 했다. 이런 현실에서 어떻게 해야 부모님 고생 덜 시키고 성공할 수 있겠냐를 진지한 마음으로 고민해보라며 한 가지 대안을 말씀해주셨다.

꼭 대학에 갈 생각 하지 말고, 고등학교 보낼 정도 되면 대개 시골에 야산 정도는 있는 집이니까 산지를 개발해서 수익사업을 해라. 산이 없으면 임야가 싸니까, 부모님께 대학 입학금 정도만 받아 야산을 사서, 밤나무처럼 수익성 있는 나무를 심어라. 나무를 열심히 가꾸면서 『사상계』 잡지를 구독해 읽어라. 이 잡지를 보면 사회문화적, 정치적 식견, 생활 전반의 상당한 지식을 습득할 수 있다. 그렇게 하면 4년간 대학만 다니는 친구들보다 훨씬 앞선 삶을 살 수 있을 것이다.

아빠는 열여덟 살에 농부의 삶을 시작하면서 멋쟁이 지리 선생님 말씀대로 『사상계』를 매월 탐독했다. 『농원』이라는 월간지도 함께 구독해 읽었다. 농촌 생활 지식, 농사 관련 기사와 농사 기술, 농촌을 배경으로 한 연재소설 등이 수록되어 농촌 생활에 도움을 준 잡지였다. 아빠의 첫 펜팔 상대(엄마와 펜팔이 되기 직전이었다.)도이 잡지의 미인대회에서 선발된 '미스 농원'이었다. 예쁘장하니 순진하게 생긴 아가씨 사진과 프로필을 보고, 사귀려고 편지를 보냈는데 답장이 오지 않았다. 잘생긴 아빠의 사진을 보냈으면 성공했을지도 모르는데, 엄마한테 그랬듯이 장문의 진지한 글을 써 보냈을 것이다. 두 살도 되지 않아 아버지를 여의고, 외동아들로 외롭게 자라 그때부터 농원의 꿈을 함께 키울 동반자를 찾고 있었다.

동녀산에 심은 신품종 밤나무 '은기'

아빠는 할머니에게 말해, 농사지은 돈과 송아지 판 돈으로 마을 공동산인, 동녀산 3천여 평을 샀다. 동네에서 우측으로 2km쯤 떨어진 학교동재 너머, 돌이 적은 나지막한 야산이다. 1962년 박정희 대통령의 개간촉진법이 시행되던 무렵, 집안의 몇 집이 함께 개간해 논 몇 다랑이와 밭 150평이 딸린 땅이었다.

그곳에 신품종 접목묘, 밤나무 '은기'를 심었다. 얼었던 땅이 풀려 나무 심기에 적기인 3월 중순이었다. 아빠 손으로 심은 첫 나무다. 토종밤은 알이 작고 밤나무혹벌에 잘 당했다. 하지만 토종에 '은기'를 접목하면 혹벌 피해가 없었다. '은기'는 토양과 기후 적응력이 좋고 알이 20~25g으로 굵어, 전국 어디서든 재배할 수 있었다. 군밤, 통조림, 과자 원료로 쓰였고, 목재는 가구와 건축, 철도 침목까지 쓸모가 많았다.

당시는 굴삭기를 구경도 못하는 세상이라, 마을 선배들과 어르신들에게 품삯을 주고 동원했다. 책에서 본대로 직경 1m 깊이 1m의 큰 구덩이를 삽과 괭이로 파내어 겉흙과 퇴비를 넣어가며 400여 주를 심었다. 질흙이 섞인 생땅이라 열댓 명씩 하루 내내 파도 몇 구덩이 못 파서 묘목을 심는 데 일주일 넘게 걸렸다.

"묘목이 크지 않은데, 연필 자루만 했나? 그렇게나 큰 구덩이를 팠으니 얼마나 힘들었겠어. 책에서 배운 대로 했지. 내가 고지식하기는 더럽게 고지식해가꼬. 안 할라면 몰라도, 할라면 곧이곧대로 하는 성격이라."

나무를 심으러 2km 거리의 산길을 매일 오가는 일도 만만치 않았다. 할머니가 점심을 마련해 머리에 이고 그 먼 곳까지 배달했다. 밥은 보리와 쌀이 반씩 섞였고, 반찬은 나물과 묵은김치가 전부였지만, 그 자리에서 먹으면 꿀맛이었다. 아들이 성공하기만을 바라는 마음에, 힘들다는 내색도 없이 노고를 아끼지 않았다.

"쎄빠지게 밥을 해다 거까정 날라다 줬는디, 돈은 얼맨치나 혔는가 몰러."

옛 시절 이야기를 즐겨하는 할머니는 그때 힘들었던 일을 가끔 꺼내놓곤 한다. 밤나무를 심을 때, 구덩이에 넣은 소똥과 풀을 베어 섞어 만든 퇴비가 전부였다. 황토 땅이라 영양분이 적고 질흙이 섞여 물빠짐이 좋지 않아서, 돈 들이고 애써서 심어놓은 밤나무 '은기'는 더디게 자랐다. 5~6년 뒤, 조금씩 밤이 열기 시작할 때 금계마을을 떠나 경악마을 부릿재로 이사하면서 밤나무산을 팔았으니, 제대로 열매 수확도 못 해 보고 말았다.

"힘들게 심어가꼬 고생만 실컷 하고 말아부렀지. 토질이 중요해."

아빠의 이 말은 나무집사 인생에 자주 나오는 대사다.

이태리포플러 묘목장

밤나무 '은기'를 심어놓고, 아빠의 시선은 곧장 또 다른 나무로 옮겨갔다. 나무젓가락과 합판을 만드는 목재로 쓰임이 많아, 포플러가 귀한 대접을 받던 시절이었다. 재래종 포플러인 미루나무는 더디 자라고 곁가지가 많아 목재로 쓰이지 않고, 가로수로 많이 심었다. 당시 묘목상에서 인기 수종은, 수익성이 좋은 이태리포플러였다. 북미산 미루나무와 유럽산 양버들을 교배한 개량종으로, 같은 조건에서도 곧게, 빠르게 하늘로 치솟았다.

이태리포플러는 낙엽활엽교목이다. 대통처럼 곧은 줄기에 나무껍질은 은백색, 세로로 갈라져 흑갈색의 깊은 골이 있고, 잔가지는 황녹색이다. 길고 납작한 잎자루 끝에 붙은 작은 잎은 마름모꼴에 가까운 계란형이고, 가장자리에 고운 톱니가 있다. 잎의 앞면은 짙은 초록에 윤기가 나고 뒷면은 황녹색이다. 암수딴그루인 탓에 수나무는 3~4월이면 꽃가루를 날리고, 암나무는 솜털 같은 씨앗을 흩뿌린다.

이태리포플러는 속성수다. 심고 10년이면 장대처럼 솟아오르지만, 50년쯤 되면 태풍에 쓰러지고, 번개에 맞을 확률도 높다. 키 큰 수형은 새들에게는 좋은 전망대지만, 사람에게는 불안한 거목이 되기도 한다.

큰 소득을 기대하며 묘목상에서 이태리포플러를 사다 심었다. 이듬해 논에 묘포장을 만들었다. 봄에 물이 오르기 시작하면 껍질이 벗겨지니까, 3월 초에서 중순쯤, 물오르기 전에 연필 굵기만 한 1년

생 줄기를 잘라 땅을 파고 보관했다. 겨울 무 구덩이처럼 볏짚으로 덮개를 만들어 빛을 차단하고 열이 오르는 걸 막아주는 움 속에서 잠자던 포플러 줄기를 4월 초에 꺼내 묘포장에 삽목했다. 15cm 정도 길이로 비스듬히 잘라 10~15cm 간격으로 심었다. 좋은 논에 심으면 1년에 1~2m씩 자랐다. 삽목으로 한두 해 키운 묘목을 판매도 하고, 통명산 자낭골 야산 아래에 심었다. 타지역 사람의 산인데, 증조할아버지 대부터 관리해주며 빌려 썼다. 산기슭 쪽에, 심란한 돌배기 땅이지만 경사가 완만하고 큰 나무 없이 잡초만 우거진 곳이 있었다. 옆으로 계곡도 흘러 그곳에 400여 주를 심었다. 삽목으로 키운 어린나무들이 줄을 맞췄다. 햇빛은 넉넉히, 물기는 적당히. 양지와 약습지에서 잘 자라는 성질을 믿고 심었다. 하지만 이번에도 땅이 문제였다. 돌이 많고 척박한 땅은 풀만 무성하게 키워냈다. 10년만 키워도 목재로 팔아먹을 수 있는 나무인데, 5년이 지나도 팔뚝 굵기 정도였다. 나중에 제대로 알아보니, 포플러 종류인 은사시나무는 산기슭에서도 잘 자라지만, 이태리포플러는 강변 퇴적토에서 잘 자라는 나무였다.

"열나게 심느라 애만 썼지."

결국 이태리포플러는 수익을 내지 못하고 야산에 묵혀 버린 채, 땔감으로 베어내 시나브로 사라졌다. 포플러 잎은 작고 가벼워 산들바람에도 파르르 떤다. 그래서 우리 조상들은 사시나무, 파드득나무, 바람나무 등으로 불렀다.

아빠는 바람을 타고 흔들리는 잎사귀 속에서, 미래를 심고 있었다. 비록 척박한 땅이 발목을 잡았어도, 한 번 뿌린 나무 사랑은 꺾이지 않았다.

2장
뿌리: 멀리 뻗는 뿌리, 넓어지는 터전

금계리에서 부릿재로

스무 살에 통명마을 이장이 되어 면사무소를 드나들던 시절, 완행버스는 비포장길을 덜컹거리며 하루 대여섯 번만 오갔다. 막차에서 내려 3km 산길을 걸어오면, 달빛만 희미하게 길을 비추고, 바람결에 나뭇잎들이 스치는 소리가 심장을 건드렸다. 바위 옆에선 불쑥 그림자가 솟아오르는 듯했고, 멀리서 짐승 울음소리가 서늘한 기운을 끌고 왔다. 그때마다 젊은 혈기로 자신을 다독였다.
"이 정도에 겁먹고 주저앉을 수는 없지."

그 시절엔 명절이나 제사 때 담근 막걸리 때문에 밀주 단속이 종종 있었다. 단속이 들이닥치면 마을은 비상이 걸렸다. 이장은 단속 나온 관리들을 붙잡아 씨암탉을 대접하며 가가호호 단속만은 막아야 했다. 무사히 넘어가는 게 이장의 능력이고 역할이었지만, 아빠의 상식에는 영 맞지 않아 매번 고민이 깊었다. 군청 산림과의 불법 임산물 단속도 비슷했다. 취사와 난방을 모두 땔감에 의지하던 시절, 낙엽을 긁어모으는 것도, 소나무 가지 하나 꺾는 것도 불법이었다. 적발되면 산림과에 불려가 혼이 나고, 벌금까지 물어야 했다. 그런 날이면 사람들 손에 묻은 흙과 땀보다도 억울함이 더 짙게 배어 있었다. 관리들은 일제 강점기의 못된 관습을 그대로 이어받아, 힘없는 백성을 깔보고 억누르기 일쑤였다.

그 당시 금계리는 통명마을 1반이 27세대, 2반인 용계마을이 15세대로, 마을 전체가 42세대의 적지 않은 산간마을이었다. 시장에 곡식이라도 팔아 생필품을 사려면, 차량이 운행되는 도로까지 3km의 논두렁 밭두렁 길을 걸어다녀야 했다. 지게에 적게는 40~50kg부터 쌀 한 가마 무게인 80~90kg을 짊어졌다. 가을에 수확한 곡식들을 운반하려면 어쩔 수 없었다.

아빠는 부농의 꿈뿐 아니라, 마을 발전을 위해 도로를 내자는 구상을 품었다. 우마차가 다닐 길이라도 생겨야 대대손손 삶의 터전을 물려줄 수 있지 않겠냐며 주민들 설득에 부단한 노력을 기울였다. 이장 재임 조건으로 도로 개설 합의를 요청한 것이다. 그러나 전답 몇 십 평이 줄어드는 걸 아까워하며 대부분 반대했다. 어렵사리 1년 임기를 마친 그해 연말 총회장에서 재임을 권하는 어르신들의 권유를 뿌리치고 이장직을 내려놓았다. 마을 발전을 위한 구상을 반대만 하는 상황에서, 봉사직인 이장을 더 이상 맡고 싶은 생각이 사라진 것이다.

아빠는 곧바로 꿈을 실현하기 위한 농장에 적합한 땅을 찾아 나섰다. 여러 곳을 다녀보았지만, 마음에 들고 경제 사정에 맞는 땅을 찾기가 쉽지 않았다. 한번은 삼기 노치고개 너머에 좋은 땅이 있다는 소식을 듣고, 집안의 수인이 아재에게 구경삼아 다녀오자고 했다. 금계리에서 근촌리까지 내리막길 3km, 근촌에서 수산리를 지나 노치고개까지 오르막 산길 4km를 걸어야 했다. 소주 한 병을 사서 둘이 홀짝홀짝 나눠 마시면서 한나절이나 걸려 노치고개에 올라섰다. 밭과 과수원이 있는 넓은 농원을 꿈꾸며 그 먼 길을 걸었는데, 여러 골짜기로 나뉘어 한눈에 들어오지 않는 땅에 크게 실망하고 돌아왔다.

"아이고, 정나미가 뚝 떨어져서!"

아빠는 그 뒤로 노치고개 쪽은 쳐다보지도 않았다. 우리에겐 정말 다행스러운 결정이었다. 아직도 버스가 다니지 않는 곳이다.

입면 서봉리 섬진강변에도 땅이 나왔다. 강변의 넓은 들판에 이태리포플러가 줄지어 선, 꿈에 그리던 곳이었다. 그러나 그곳은 다른 사람 손에 넘어갔고, 1980년대 후반 금호타이어 공장이 들어섰다. 그때 만약 나무집사 아빠가 그곳에 터를 잡았다면 부릿재 일대 풍경이 달라졌을 것이다.

친정집에 제사를 모시러 갔다가 오는 길에, 할머니가 부릿재 일대 뽕밭의 일부인 4천 평 정도의 땅을 팔려고 내놓은 게 있다는 얘기를 했다. 개간법이 나자, 삼기면 면장이 통명산 자락 부릿재의 야산 1만2천 평을 사서 뽕밭을 만들었다. 삼기면 사람들이 부역해서 뽕나무를 심었는데, 그 뽕밭을 세 사람이 4천 평씩 나누어 누에를 키웠다. 면장은 면사무소 일이 바빠서 직접 누에를 키울 수 없어 남한테 맡겼더니, 수지가 맞지 않아 뽕밭을 내놓은 것이다.

아빠는 이튿날 바로 찾아가서 확인하고는 값을 한 푼도 깎지 않고 부릿재 뽕나무밭 4천 평을 구입했다. 1년 동안의 농사 수익금과 키우던 중소 한 마리를 처분했고, 조금 부족한 돈은 빚을 내어 충당했다. 조부님께 상속받은 1천5백 평 논은 손대지 않고 꿈의 농장에 발을 딛게 되었다.

1971년, 아빠 나이 스물넷이었다. 가을걷이가 끝나자마자 새 터로 이사를 하게 되었다. 집안사람들이 수레에 이삿짐을 싣고 머리에 이고 고개를 넘었다. 집안의 동갑장이 힘센 아재는 수레에 땔나무까지 싣고, 한 시간 가까이 걸리는 산비탈을 내려왔다. 산길을 빠져나와 부릿재가 보이는 언덕 위에 섰다. 통명산 자락 아래부터 부릿재까지 완경사의 3만여 평 땅이 한눈에 펼쳐졌다.

뽕나무밭에 뿌리내린 사랑

금계리 시절, 아빠가 스물셋이 되던 해 정월이었다. 사촌 여동생이 설 명절에 서울에서 내려와 친구를 소개해주겠다고 했다. 며칠 뒤, 열여덟 살 소녀의 편지가 도착했다. 자기소개와 함께, 사귀고 싶다는 마음이 조심스레 담겨 있었다. 그때부터 기다림과 설렘이 교차하는 펜팔 연애를 했다. 그 후 3년 동안, 편지와 책이 담긴 소포가 오갔다. 집배원 아저씨가 일주일에 한두 번 겨우 찾아오는 산골에서, 편지는 마음을 전하는 유일한 다리였다. 답장이 온 날은 기쁨이 가득했고, 한동안 소식이 뜸하면 변심했나 하는 걱정과 서운함이 부풀었다. 몇 달 동안 엄마의 편지가 끊어졌을 때, 아빠는 선물 받은 첫 책, 칼 야스퍼스의 『비극론』을 끌어안고서 괴로워했다. 다시 연락을 주고받은 후, 두 사람은 결혼을 약속하고 서로의 집을 방문했다. 엄마가 잠실 헌집에 처음으로 아빠를 보러 갔을 때, 할머니는 아랫집에 새로 태어난 아기를 보러 간다며 슬쩍 자리를 비워주었다. 두 사람은 아빠의 책장에서 셰익스피어의 희곡집을 꺼내 들고 나란히 앉아 「로미오와 줄리엣」을 낭독했다.

1972년 11월 26일, 스물다섯 살, 스무 살 남녀는 백년해로를 약속하며 부부가 되었다. 부릿재 땅에 심은 부농의 꿈 옆에, 사랑이라는 묘목이 심겼다.

새 터엔 집 한 채 없었다. 뽕밭과 누에를 기르는 열다섯 평짜리 잠실 한 동, 시멘트 벽돌과 슬레이트 지붕, 볏짚 날개로 막은 부엌, 흙벽 온돌방 하나가 전부였다. 초겨울에 이사해 매서운 바람 속에서 겨울을 났다. 봄이 오자 잠실 안에 방을 하나 더 만들고, 부엌에 흙벽을 세웠다. 그곳이 신혼집이 되었다. 마당 가장자리엔 편백과 앵두나무를, 샘터 옆 화단엔 참빛나무와 국화를, 변소 곁엔 모과나무를 심었다. 잠실 헌집 바로 옆에 새집을 짓기 전까지 그곳에서 신접살림을 이어가며, 6년 동안 4남매 중 세 딸을 낳고 길렀다.

아빠는 1978년에 옥상과 지하실 두 개가 있는 새 양옥집을 짓고, 옆마당에 정원을 만들었다. 새집과 장독대 뒤꼍으로 돌담을 쌓고, 거기서부터 앞마당이 끝나는 뒷대문까지 북풍받이 담을 세웠다. 그 담벼락에 접하도록 네모난 정원을 만들었다. 정원 가장자리, 정원석 사이사이 심어놓은 철쭉이 봄 정원에 붉은 꽃띠를 둘렀고, 안쪽에는 장미, 목련, 매화, 홍도화, 배롱나무, 팽나무, 꽝꽝나무가 어우러져 자랐다. 아빠는 겨울이면 시들어버리는 작은 화초보다 나무를 좋아했다. 일요일 아침이면 4남매를 불러 정원의 풀을 뽑게 했다. 화단에 꽃이 만발하거나 서리꽃, 눈꽃이 피는 아침이면, 사진을 찍자고 불러냈다. 나무 앞에서 우리는 익살맞은 포즈를 취하며 웃었다.

잠실 헌집 뒤로 담벼락 대신 자라던, 탱자나무 울타리도 정원의 일부였다. 가시투성이 탱자나무 가지 사이로 봄이 스며들면, 한겨울 내내 매서운 바람을 흩어버리던 날카로운 가시 틈새로, 아기 손톱처럼 보드랍고 매끄러운 연둣빛 새잎이 번져 나온다. 그 옆에서 하얀 꽃잎 다섯 장이 펼쳐지면 황금빛 꽃술이 함께 피어난다. 늦가을, 청록빛 탱자가 노랗게 익어 달콤한 시트러스향을 내뿜을 때, 아빠는 탱자를 한 소쿠리 따서 작은 바구니마다 담아 집안 곳곳에 향기를 채워 넣었다.

새집 마당 오른편엔 커다란 청단풍나무를 심었다. 나무 아래 놓인 대나무 평상은 한여름 우리 가족의 밥상이자 놀이터였다. 가을이면 평상 위로 노랑, 주황, 다홍빛으로 물든 단풍잎 가지가 늘어져 알록달록한 그늘을 만들고, 겨울엔 눈보라와 찬바람을 막아줬다. 앞마당의 앵두나무와 소마구 뒤에 줄지어 심은, 품종이 각각 다른 감나무들은 철마다 다른 열매로 우리를 불렀다. 엄마는 잘 익은 앵두로 주스를 만들어 사각 얼음틀에 붓고, 대나무 가지를 이쑤시개만 하게 손질해 꽂아서 냉동실에 얼려 천연 아이스바를 만들었다. 비바람에 덜 익은 단감이 쏟아지면, 항아리에서 숙성시킨 달콤 짭조름한 감장아찌가 밥상에 올라왔다. 닭들은 마당에서 종일 흙을 파고 풀을 뜯다가, 밤이면 측백나무 가지 위로 올라앉아 잠을 청했다. 바깥 변소 옆에는 줄기 가운데가 뻥 뚫린 아름드리 모과나무가 있었다. 가을에 고욤나무 가지를 꺾어 열매가 물러지라고 모과나무에 걸쳐 놓았다. 이듬해 봄, 고욤나무 열매가 구멍에 떨어져 자라났다. 아빠는 그 고욤나무에 단감나무를 접목했다. 모과나무 품 안에서 감나무가 잘 자라 단감이 열렸다. 모과와 감이 함께 열리는 신기한 나무처럼 보였다.

신혼방을 차리고 우리 세 자매가 태어난 잠실 헌집과 막내아들이 태어난 새집 사이에는 아빠가 심고 가꾼 나무들의 시간, 우리 가족들의 삶이 촘촘히 엮여 있다.

잠업과 뽕나무밭 확장

이곳으로 이주한 뒤 주요 농사가 벼에서 누에를 기르는 잠업으로 바뀌었다. 금계리에서 살 때, 개간지 밭두렁에 뽕나무를 심어서 누에 반 장을 키우면서, 밭뽕이 부족하면 산에 올라가 산뽕잎을 따다가 누에를 먹였다. 조금씩이나마 해보았던 일이라 당황하지 않았으며, 할머니의 부지런함과 경험이 뒷받침되어 실패 없이 꾸려나갔다. 1년의 잠업 소득으로 약간의 빚을 단번에 청산했다. 부농의 꿈이 조금씩 다가오는 느낌이었다.

부릿재 뽕밭은 총 1만2천6백 평. 세 명의 소유자가 토질에 따라 몇 고랑씩 나누어 가졌다. 처음 구입한 4천 평은 1970년 가을, 16만5천 원이었다.(그때 쌀 80kg 한 가마 값은 5천 원 정도.) 2년 뒤, 한 소유자가 지분을 팔겠다고 하자 한 푼도 깎지 않고 샀다. 처음 산 토지와 같은 면적에 같은 조건의 토지를 3년 만에 두 배가 넘는

35만 원을 주고 사들인 것이다.

1973년, 결혼 이듬해에 첫딸이 태어나고, 원하던 땅도 사들이는 경사가 겹쳤다. 농토가 늘고 식구가 늘며 일도 많아졌지만, 수익이 커지니 힘든 줄 몰랐다.

마을 앞으로 호남고속화도로가 2차선으로 착공되며, 수용되는 토지 보상으로 인근 땅값이 뛰기 시작했다. 금계리에 남겨둔 논 중 600여 평을 처분하고 조금 보태서 야산 2.7ha를 샀다. 한 해 누에 농사를 지어 땅값을 회수했다.

1976년경, 부릿재 뽕밭 마지막 3분의 1 지분이 매물로 나왔다. 1973년에 35만 원이던 땅이 10배 넘게 올라 360만 원이었지만, 망설이지 않고 샀다.

"삼국을 통일한 기분이었어."

금계리에 남아 있는 논 900평을 팔고 부족한 금액은 월 이자율이 4부인 사채를 빌려 충당했다. 다행히 이듬해 누에농사 수익금으로 모두 갚았다.

뽕나무밭은 1만 평이 넘었다. 한철에 나오는 누에고치를 경운기로 한가득 실어 공판장에 나가면 모두 놀라워했다. 실제 수입도 한 철 농사로 거두는 돈이 당시 공무원 10여 년분 봉급에 맞먹는 금액이었다. 누에고치의 품질을 높이기 위해 공부도 많이 했다. 건조하고 따뜻한 곳에서 잘 자라는 누에의 생육 환경에 맞도록, 환기시킬 때와 보온할 때를 잘 맞춰 최고 품질의 누에고치를 생산했다. 뽕나무밭을 집중 관리해 누에에게 질 좋은 뽕잎을 충분히 먹였다. 곡성군에서는 두 번째로 큰 규모의 양잠농가로 발돋움해서 군청 잠업

담당의 추천으로 농림부 장관 표창도 받았다.

아빠는 뽕나무밭을 완성하고 농원의 경계에 울타리를 만들었다. 탱자씨를 뿌려 묘목을 키운 후, 1만2천6백 평 뽕나무밭 주변을 모두 탱자나무 울타리로 둘러 농원의 경계를 그렸다. 고향 마을 금계리에서 경악리 부릿재로 터전을 옮긴 지 6년 만이었다. 탱자나무 울타리는 요긴하게 쓰였다. 농원 전체가 언덕바지라 북풍과 산짐승을 막아줬다. 온몸에 두드러기가 올라올 때마다 할머니가 노랗게 익은 탱자를 달인 물로 목욕시켜주면 가라앉았다.

탱자나무 울타리는 옆과 위로 퍼져나갔다. 매년 기다란 울타리를 다듬을 수도 없고, 탱자가 굴러 떨어져 싹튼 묘목이 밭작물 틈에서 불쑥불쑥 발견되는 바람에 성가신 존재가 되어버렸다. 아빠는 굴착기를 부를 때마다 탱자나무를 시나브로 파냈다. 지금은 옛집 장독대 아래, 방죽 옆에만 조금 남아 있다.

고치값이 좋아 양잠업으로 계속 큰돈을 벌자, 아빠가 머릿속에서 그리는 농원의 규모는 점점 커졌다. 집 뒤로 4천 평 정도 되는 야산이 있었는데, 반은 산이고 반은 개간한 밭이었다. 그 땅이 매물로 나오자 아빠는 바로 사들였다. 그곳에 목초밭을 만들고 암소 네댓 마리를 사와 키웠다. 영양분이 많은 누에똥을 말려 소 사료로 썼더니, 살이 오르며 잘 컸다. 소를 팔아 주변 땅을 샀다.

5월에서 6월 초, 뽕잎이 손바닥만큼 피면 남자 일꾼들이 새 가지를 베어 마당 멍석에 부렸다. 하루에도 몇 번씩 경운기로 실어 나르면, 여자 일꾼들이 잎을 따 창고에 넣고 누에 밥을 주었다. 누에가 얼마나 많은지 뽕잎 갉아 먹는 소리가 소낙비 내리는 소리처럼 들렸다. 여름 해가 길어질수록 뽕밭의 푸른 물결도 깊어졌다. 가을에 새 가지가 자라면 밭에서 뽕잎을 땄다.

봄에 25장 가을에 25장, 이렇게 1년이면 50장을 키웠다. 누에가 마지막 잠을 자고, 7~8일을 밤낮없이 잘 먹으면 실을 빼면서 밥을 안 먹는다. 누에가 고치를 만들도록 짚으로 만든 섶에다 주워 올릴 때는 40~50명이 2~3일 일해야 끝이 났다. 누에가 한창 먹을 때는 일꾼이 20명씩 잠실에서 먹고 자면서 일을 거들었다. 누에 키우는 일은 이렇게 사람 손이 많이 갔다. 그래도 누에고치 값이 좋아서 유풍농원의 3만 평 부지는 모두 잠업으로 일군 땅이었다.

하지만 정부에서 보온 못자리를 개발해 모내기가 빨라지자, 농번기에도 시골에 일이 줄었다. 젊은이들이 도시로 떠나게 되자, 뽕잎을 따고 누에 밥을 줄 일손이 부족했다.

아빠는 잠실을 크게 한 동 더 지어 가지 뽕치기 시설을 만들었다. 누에가 먹을 뽕잎 채반을 올려놓는 단을 3단으로 만들어 뽕나무 가지를 베어다 쌓아 놓으면, 누에가 뽕잎을 다 갉아먹고 윗단으로 올라갔다. 다 먹은 빈 가지만 빼주고, 그대로 한잠 잘 때까지 뽕잎 가지를 채워주기만 하면 됐다. 새 잠실을 지어 1년쯤 지나 중국산 누에고치와 비단이 수입되면서, 수지타산이 맞지 않아 잠업을 접었다. 1만 평이 넘는 뽕밭을 불도저로 싹 밀어버렸다. 1979년 이른 봄이었다.

내 생애 최초의 기억도 뽕밭에서 비롯된다. 엄마는 늘 뽕밭에 있었다. 생후 열 달부터 걷기 시작한 나는 서너 살 무렵까지 뽕잎을 따던 엄마를 쫓아다니며 "젖 줘!" 하고 악을 쓰곤 했다. 뽕밭은 네

살 때 사라졌으나, 내 기억 속에서는 아직도 푸르다.

그때 밀어버린 뽕밭에서 살아남은 뽕나무 몇 그루가 지금도 우리 집으로 올라오는 길가에, 조경수가 자라는 밭두렁에서 매년 6월이면 넓고 푸른 뽕잎을 펼치고, 달콤하고 즙이 많은 오디 열매로 우리 가족들, 특히 내 아이들의 입가를 보랏빛으로 물들인다.

그 모든 세월을 지탱한 건, 눈에 보이지는 않지만 깊게 뻗어간 뿌리였다.

뽕나무는 겉으로 보면 얌전하다. 봄이면 손바닥 같은 잎을 내어 누에의 밥상을 차리고, 여름이면 검붉은 오디를 주렁주렁 달아 곤충과 새들과 사람들을 불러 모은다. 생명력의 근원은 땅 위가 아니라 땅속 깊은 곳에 있다. 뿌리가 사방으로 길게 뻗어 단단한 흙을 파고, 바위틈을 비집어 물과 양분을 붙잡는다. 한번 뿌리내린 자리에서는 좀처럼 물러서지 않고, 겨울의 매서운 추위나 여름의 가뭄에도 다시 싹을 틔운다. 뽕나무 뿌리는 흙 속으로 무한히 뻗어나간다. 바람이 꺾어도 줄기와 잎을 다시 일으켜 세운다. 굵은 뿌리는 무게를 지탱하고, 가는 뿌리는 사방으로 뻗어 양분과 물을 모은다.

뽕나무 잎은 양잠용, 수피와 뿌리는 종이와 약재, 오디와 겨우살이는 귀한 먹거리와 약이 됐다. 어느 부분도 허투루 쓰이지 않았다. 부릿재의 뽕나무들도 그랬다. 아빠가 이사 오기 전부터 이곳을 지키고 있던 나무들은, 해마다 잎을 내고 열매를 맺으며 땅과 함께 나이 들어갔다. 아빠가 부릿재에서 넓힌 터도, 그 뿌리처럼 집요하게 세월을 뚫고 나아가며 탄탄해졌다.

부릿재 뽕밭에 터를 잡은 뒤, 아빠는 혼자만의 울타리를 치지 않았다. 잠실 곁 움막집에서 함께 뽕밭을 돌보던 한 가족, 또 옆 마을에서 살던 한 가족이 새 보금자리를 찾고 있다는 소식을 듣자, 흔쾌히 터를 내주었다. 그렇게 해서 부릿재마을은 우리 집 한 채에서 시작해 세 가구가 사는 작은 마을이 되었다.

뿌리는 홀로 깊어지지 않는다. 땅속에서 수많은 곁뿌리와 균사들이 얽히며 물과 양분을 나누듯, 아빠도 자기 터를 이웃과 나누어 마을을 함께 키웠다. 보이지 않는 뿌리의 네트워크가 숲을 지탱하듯, 이웃과의 연결은 아빠의 삶을 단단하게 지탱하는 힘이었다.

과수원의 꿈

뽕밭이 사라진 땅에 과수원의 꿈을 심었다. 한참 궁리 끝에, 전국적으로 운영되는 종묘사에서 양질의 과실수 품종들을 구입했다.

복숭아, 자두, 포도, 감, 사과, 밤, 살구.

뽕나무밭이었을 때까지도 좋아보였던 황토 땅이, 과실수를 심으려고 굴착기로 깊게 파보니 온통 돌밭이었다. 밭두렁에 과실수를 줄줄이 심고 두렁 사이에는 농작물을 키웠는데, 경운기로 깊이 갈면 속에서 계속 돌이 나왔다. 봄에 밭을 갈 때면 아빠의 총동원령이 내려졌다. 어린 우리도 밭두둑을 만드는 아빠 뒤를 따라다니면서 세숫대야만 한 그릇에 돌을 담아 밭두렁이나 길가까지 낑낑거리며 끌고 가 쌓아두었다. 기껏 돌을 주워내 포골포골한 흙으로 매꿈하게 다듬어 놓으면, 경사지라 빗물에 흙이 씻겨 내려가 다시 돌밭이 되었다.

"우리 농원에서 파낸 돌뎅이들을 여태 모아 뒀으면 성을 쌓고도 남았제."

바위투성이 뒷산 골짜기를 보면 아빠의 말에 고개가 끄덕여진다. 그렇게 파낸 돌들을 모아두면, 비포장도로 부역하는 주변 마을 사람들이 전부 가져갔다. 그때는 돌멩이도 쓰려면 귀한 시절이었다. 그 돌들은 잘게 부수어져 우리 농원 아래로 지나는 27번 국도변에 깔린 자갈이 되었다.

감나무와 포도나무

감나무는 집 바로 뒤 가장 좋은 밭두렁에 심었다. 곡성군에서 수익사업을 위해 진영까지 견학을 시켜주며 진영단감나무를 권장했다. 똘감나무에 진영단감나무를 접목해 심었다. 접목을 시켜서 심으면 2~3년 만에 수확할 수 있다. 집 주변과 소마구 뒤쪽, 건초 보관 창고 옆으로는 대봉, 단감, 납작감 등 여러 품종의 감나무들을 줄줄이 심었다.

감나무는 토심이 깊고 배수가 잘 되는 경사진 땅에 심어야 한다. 아빠가 감나무를 심은 밭은 황토에 질흙 땅이라 배수가 원활하지 않았다.

그때 심은 감나무가 몇 그루 남아 추석 차례상에 올라오고, 가을 걷이할 때 새참이 되기도 한다. 아빠가 집 근처 산기슭 똘감나무에 접목한 진영단감나무 한 그루도 지금까지 살아남아 서글서글하고 달콤한 단감이 열린다. 중학생 시절까지 살았던 옛집 뒤, 대봉나무도 35년이 넘도록 매년 몇 알의 홍시라도 아빠 손에 쥐어준다.

포도나무는 감나무밭 위쪽 길 건너, 밭 한 덩이에 심었다. 덩굴로 뻗어나가는 나무라 지지대를 세워야 했다. 파이프가 귀한 시절이라, 집에서 지지대로 쓸 콘크리트 기둥을 직접 만들었다. 나무로 틀을 짜고, 두루 10cm 사각으로 철사를 넣어 시멘트로 콘크리트를 지어 붓고, 2m 높이의 기둥을 만들어 세웠다. 포도나무 덩굴이 뻗어가도록 기둥과 기둥 사이를 굵은 철사줄로 묶어 밭 전체를 바둑판 모양으로 연결했다. 이삼 년 정성껏 가지치기하고 풀을 뽑아주며 가꾼 덕에 포도가 열렸다. 몸에 좋은 친환경 먹을거리를 수확하려고, 제초제, 살충제는 물론이고 그 흔한 화학비료도 안 했다. 톱밥을 큰 트럭으로 대여섯 차씩 사다가 우리 농원에서 나온 소똥과 일본제 유기농 발효제를 섞어 유기질 퇴비를 만들어 뿌렸다.

"그놈의 농사짓는다고 지랄깨나 했제. 남들 안 할 짓거리 많이 했웅게."

아빠 말을 듣고 할머니가 한마디 보탰다.

"쩌 건너 근촌 아줌씨들, 그때 우리 집서 풀 맴시로 많이들 벌어 묵었제. 하루에 몇 십 명씩, 아조."

여름이 깊어가며 포도 열매도 보랏빛으로 익어갔다. 그런데 잘 영근 포도의 달콤한 내음에 벌나비떼가 시커멓게 모여들었다. 그때는 포도 봉지를 씌우는 법도 몰랐다. 여름방학이 되면, 포도밭은 곤충 채집장이 되었다. 아빠가 대나무에 양파망을 달아 만들어준 잠자리채를 들고 포도밭으로 갔다. 곤충 채집은 여름방학 숙제로 빠진 적이 없다. 호랑나비와 긴꼬리제비나비는 기본이고, 청띠신선나비, 공작나비, 큰멋쟁이나비, 표범나비, 부전나비 등을 채집했다. 부패를 막으려고 주사기로 알콜을 주입해 스케치북만 한 스티로폼 판에 시침핀으로 고정했다.

곤충떼의 공격에 살아남아 까맣게 익은 포도를 수확해도 현금화되기는 어려웠다. 1980년대 초반 농촌에서는 포도가 익을 무렵이면 쌀이 떨어지는 춘궁기라, 사람들이 농사지은 보리를 타작해서 생보리를 가져와 포도를 사 갔기 때문이다. 잘 익게 둘수록 곤충 피해가 심해져 가족들이 먹을 수도 없었다. 아빠가 덜 익은 보랏빛 포도를 잔뜩 따오면, 너무 신맛이 강해 생과로 먹기 힘들었다. 엄마가 신포도를 설탕에 버무려놓았다가 꼭 짜서 포도주스와 포도아이스바를 만들었다. 그러고도 많이 남아 부엌 지하실에 보관해 포도효소를 만들거나 포도주를 담갔다. 오래된 가족사진첩에는 포도 바구니를 끼고 앉아, 신포도를 먹고 눈을 찡긋거리며 혀를 내민 나의 빛바랜 사진이 꽂혀 있다. 포도밭이 키위밭으로 바뀌기 전까지 우리 집 부엌에서는, 지하실 저장고의 포도가 발효되느라 늘 시큼달콤한 냄새가 났다.

복숭아나무와 자두나무

복숭아나무와 자두나무는 포도밭 위쪽으로 심었다. 아빠는 황도, 백도, 천도, 조생종, 만생종 등 갖가지 종류의 복숭아밭을 만들었다. 그래야 초여름부터 초가을까지 시기마다 복숭아를 수확해 판매를 오랫동안 할 수 있다. 땅에 잘 맞는지, 우리 집 복숭아를 근방에서도 알아주었다. 사람들이 보리를 싸들고 복숭아를 사먹으러 왔다. 살충제를 안 해서 "밤에 부릿재 복숭아를 먹으면 복숭아벌레까지 삼켜서 예뻐진다."는 말이 농담처럼 돌 정도였다. 복숭아를 베어 물면 복숭앗빛 애벌레가 과육 속에서 꼬물꼬물 기어 나왔다. 어려서부터 벌레 든 복숭아를 많이 본 탓에 복숭아를 먹을 땐 벌레 한두 마리쯤은 나오려니 했다. 예뻐지려고 삼킬 생각은 못 했지만.

"몇 년 잘 팔아묵었는디, 맛들기 시작허면 어치새끼들이 십여 마리씩 떼로 몰려다님서 하도 지랄을 했상게 파내부렀제."

어치들은 단내를 귀신같이 맡았다. 단 것만 쏙쏙 골라 파먹었다. 아빠가 공기총까지 사서 쫓아보려고 했지만 소용없었다.

그래도 자두나무는 밑둥이 애기 몸뚱이만 하게 크도록 잘 열려서, 가족들이 실컷 먹고도 곡성 5일장의 과일상점이나 읍내 광명상회에 많이 판매했다.

과수원은 4남매의 놀이터였다. 복숭아나무와 포도나무밭 사이 너른 밭에는 참깨, 배추, 무 같은 작물들을 심었다. 아빠는 과실수를 돌보고, 할머니와 엄마는 일꾼들과 함께 밭일을 했다. 우리는 각자 마음에 드는 복숭아나무 하나씩을 '내 나무' 삼아, 다람쥐처럼 오르내렸다. 나무 밑둥에 기대앉아 종이인형놀이를 하다가 인형의 목이 떨어지면, 나무 밑에다 무덤을 만들어 조촐한 장례식을 치르기도 했다. 나무 그늘에 자리를 깔고 한잠씩 자기도 했다. 개미에게 물려 깜짝 놀라서 깨곤 했다. 가끔은 일손을 거들었다. 밭을 갈 땐 돌을 주워내고, 깻단을 묶어 밭 가장자리에 나르며, 무나 배추를 뽑는 날엔 경운기에 싣는 걸 도왔다. 하지만 일이 지겨워지면 늘 그렇듯 복숭아나무 그늘 아래로 돌아갔다. 집이 한참 아래쪽에 있어서 새참도 점심도 밭에서 해결했다. 복숭아나무 그늘 아래 파란 포장을 펴고 둘러앉아 찬밥을 먹어도 여럿이 북적북적 함께라 즐거웠다.

살구나무

복숭아와 자두밭 위쪽으로 산기슭 2천 평에는 살구나무 300주를 심었다. 묘목을 심을 때 엄마가 점심밥을 해서 큰 고무대야에 담아 쟁반을 덮고 머리에 이고 가다가 언덕에서 돌풍을 만났다. 쟁반이 날아가고 몸이 휘청거릴 강풍이었다. 애써서 준비한 점심밥을 땅에 쏟을까봐 안간힘을 쓰며, 일하는 곳을 찾아봐도 야산이라 어디가 어딘지 구분할 수도 없었다. 점심을 바닥에 내려놓고, 악을 쓰며 아빠를 불러도 대답이 없었다. 주저앉아 한참을 울고 있는데, 바람이 멀리까지 외치는 소리를 실어다줬는지 그제야 아빠가 와서 받아 갔다. 힘들게 심은 살구나무는 10년이 지나도 제대로 크지 않았다. 바위투성이 소나무 산에서 작은 묘목이 자랄 턱이 없다. 산속에서 사그라지는 게 아까워 몇 주 캐서 집 근처에 옮겨 심었다. 지금 사는 집 뒤 텃밭 가에 두 그루, 옛집 창고 앞에 한 그루가 해거리하면서 열리긴 해도, 초여름이면 우리 가족에게 시금털털한 살구맛을 보여준다. 올해는 아랫집 사는 아재(우리 가족 옛집을 구입해, 주변 땅을 밭으로 지어먹고 관리하며 산다.)가 살구나무 옆에 사는 뽕나무 열매를 해충 피해 없이 가꿔보려고 농약을 뿌렸다. 그 덕에 바로 곁에서 자라는 살구가 땅에 쏟아져버리지 않고 말캉말캉 잘 익었다. 아빠가 한 상자 가득 따와 맘껏 먹고 남은 걸로 엄마가 살구잼을 만들었다. 할머니도 "우리 살구가 뭔일이다냐. 신맛이 하나 없고 달기만 허네." 하며 잘 익은 살구를 거푸 쪼개 속살만 먹었다.

사과나무와 밤나무

아빠는 도로변에서 우리 집으로 올라오는 길 오른쪽 밭에 사과나무를 심었다. 왜성까지 견학도 다녀오고, 나름대로 공부를 많이 해서 선택한 품종이었다. 나무가 작으면서도 좋은 사과가 잘 열린다는 신품종이라 묘목값이 상당히 비쌌다. 힘들게 800주를 심었는데, 사과가 열리기 전에 자랄 때부터 병이 들고 벌레가 잎을 뜯어 먹었다. 1년에 예닐곱 번씩 농약을 해야 한다는데, 약을 안 하고는 도저히 잘 키울 수 없어서 2년쯤 키우다가 뽑아버렸다.

사과밭 너머, 농원의 가장자리 쪽 등허리 진 언덕배기에는 돌이 가장 많고 경사도 심한 곳이라, 야산에서 잘 자라는 밤나무를 심었다. 가족들 먹으려고 심었지만, 수확 철이 되면 밤을 따서 조금씩 팔기도 했다. 아빠가 대나무 장대로 벌어진 밤송이를 두들기면, 알밤이 투두둑 떨어졌다. 엄마가 낫으로 나뭇가지를 베어 한쪽 끝을 뾰족하게 깎아주면, 벌어지지 않은 밤송이 반쪽을 장화로 밟고 서 뾰족 막대기로 껍질을 까고 밤을 꺼냈다. 가시투성이 밤송이에서 반질반질 윤기 나는 적갈색 밤을 꺼내는 일도, 낙엽이 쌓인 수풀

속에 떨어진 알밤을 줍는 일도, 우리들에겐 보물찾기마냥 재미있는 놀이였다. 볶아놓으면 쫄깃한 살코기맛이 나는 밤버섯도 잘 자라 식탁에 오르는 식재료가 되었다. 집에서 6~7분 거리에 있는 밤나무밭에 우리끼리 놀러 갈 때도 많았다. 밤나무 수피는 거칠지 않은 편이라 올라가서 놀기 놓았다. 바닥엔 묵은 밤송이들까지 널려 있어서 굵직한 나뭇가지에 걸터앉아 놀았다. 나는 몸이 작고 가벼워 다람쥐처럼 나무를 잘 탔다. 알밤을 누가 더 많이 모으는지 내기도 하고, 신기하게 생긴 버섯을 발견하는 재미에 밤나무밭을 뒤지고 돌아다녔다. 밤나무밭 주변에는 나무딸기숲이 있었다. 여름에는 소쿠리를 하나씩 들고 검붉게 익은 딸기를 땄다. 씨가 많고 떨떠름한 신맛이 나는 산딸기를 집으로 가져갔다. 엄마가 산딸기잼을 만들어 놓고, 밀가루에 막걸리를 부어 빵 반죽을 했다. 반죽을 숙성시킨 다음 찜기 바닥에 칡잎을 깔고 빵을 쪄냈다. 둥글게 부푼 흰 빵을 납작하게 썰어서 붉은 산딸기잼을 듬뿍 발라 한 입 베어 물면, 초록 칡내음이 슬쩍 올라오며 새콤달콤한 잼 맛이 입안에 확 퍼지고, 폭신한 빵과 산딸기 씨앗이 톡톡 함께 씹혔다.

아빠가 처음부터 무농약 친환경농법으로 농사를 지은 건 아니다. 밭에 김장 무, 배추를 심었는데, 벌레들이 뜯어 먹는 통에 제대로 자라지 않아 농약통을 등에 짊어지고 살충제를 뿌렸다. 마스크도 쓰지 않고 그 넓은 밭에 농약을 치다가 중독되어 혼쭐이 났다. 그 뒤로 농약이 독약이라는 걸 체감하고, 지금까지도 친환경농법을 고집하고 있다.

과실수는 대부분 열매가 익어갈 무렵 곤충 피해가 커 살충제 없이는 판매용 열매를 수확하기 어렵다. 사람들은 몸에 좋은 음식을 찾으면서도 과일은 큼직하고 보기 좋은 것만 사려 해서, 무농약 과일을 생산해도 판로를 찾기 어렵다. 아빠는 책도 찾아보며 나름대로 연구를 거듭했지만, 친환경농법의 길은 멀고 험했다.

"에라, 뽑아 버리자!"

아빠는 감나무, 사과, 포도, 복숭아밭을 밀어버리고, 병충해에 강해 농약을 안 해도 되는 과실수를 찾았다.

블루베리와 키위나무

블루베리 맛을 처음 본 건 내가 여덟 살 무렵이었다. 그날, 묘목 외판원이 블루베리 캔 음료와 팸플릿을 들고 우리 집에 찾아왔다. 아빠가 묘목상과 마주 앉아 대화를 나누는 동안, 세 자매는 작은 스툴을 하나씩 차지하고 앉아 거실 탁자에 올려진 블루베리 캔 음료 상자를 바라보며 입맛을 다시고 있었다. 드디어 블루베리 음료 상자가 열리고 한손에 쏙 잡히는 작은 캔을 나눠 받았다. 그때까지 우리가 먹어본 과일 주스는 과수원에서 딴 과일로 엄마가 만들어준 시큼한 포도주스와 앵두주스 정도였다. 학교 앞 구멍가게에서 가끔 군것질했지만, 음료수를 사 먹은 기억은 없다. 처음 맛본 블루베리 음료는 너무나 달콤상큼해서, 캔에서 흘러나오는 마지막 한 방울까지 고개를 뒤로하고 혓바닥에 털어 넣었다.

아빠는 집 뒤 산도랑 주변의 논 500평을 구입해 블루베리 묘목을 심었다. 밭두렁에 사과나무를 심었다가 농약을 하지 않아 가을이 되기도 전에 열매가 쏟아져 뽑아버린 직후였다.

　블루베리 묘목을 심은 지 5년이 지나도 열매 구경을 못했다. 블루베리는 천근성 나무라 배수가 잘 되는 경사지, 볕이 충분한 땅을 좋아하는데, 계곡 옆 논은 습하고 햇빛이 부족했다. 아빠는 블루베리나무를 죄다 뽑아 경사진 밭두렁에 심었지만, 그곳에서도 제대로 크지 않았다. 중3 때까지 우리 집 블루베리를 먹어 본 기억이 없다. 고2 때 아빠가 관광농원 사업을 시작하면서 과수원과 밭을 뒤엎는 와중에 엄마가 블루베리나무 10여 그루를 지켜냈다. 그나마 키 작은 관목이라 가능한 일이었다. 아빠는 단풍이라도 볼 생각으로(블루베리나무 잎은 단풍잎 버금가게 붉은 단풍이 든다.) 나무들을 정원 곳곳에 심었다. 우리 가족이 블루베리 열매를 먹게 된 건 유풍농원 정원이 완성되고 얼마 지나지 않아서다. 관광농원 식당과 펜션, 연못정원이 들어서기 전 복숭아와 자두나무들이 있던 곳이었다. 닭장 가는 길 양쪽으로 심은 블루베리나무들은 어른 키를 훌쩍 넘겼고 가지마다 열매가 쪼랑쪼랑 열렸다.

　뉴질랜드가 원산지인 키위나무는, 포도나무처럼 덩굴로 뻗어간다. 묘목을 대량으로 공급한 종묘사에서 키위를 수확할 즈음이면 가공 공장이 완성되어 전량 수매해 가겠다는 말만 믿고, 아빠는 집 뒤로 펼쳐지는 드넓은 밭—감나무, 사과나무, 포도나무를 뽑아낸 자리—을 모두 키위밭으로 만들었다. 포도나무밭처럼 콘크리트 지지대를 설치하고, 몇 년 동안 잘 키워 열매가 주렁주렁 많이 열렸다. 그러나 기껏 잘 큰 나무가 추위에 죽기도 하고, 수확 직전에 열매가 터져버리기도 했다. 국내 종묘사에서 수입해 실험 재배한 후 보급한 것인데, 추위에 약하다는 경고를 안 했다. 키위나무는 영하 2°C 이하의 저온에서 냉해를 입는다. 게다가 키위를 전량 수매하겠다던 종묘사는, 몇 년이 지나도 가공공장을 만들지 않았다. 다갈색에 털이 수북한 키위는 생김새부터 과일 같지 않고, 사람들에게 생소한 과일이라 판로를 찾기 힘들었다. 따서 바로 먹을 수도 없고 후숙기간을 거쳐야 했다. 키위가 열린 첫 해, 언니가 발돋움해서 딴 키위를 세 자매가 하나씩 들고 베어 물었는데, 딱딱하고 혀가 아릴 정도로 시기만 했다. 덜 익은 열매를 허락 없이 땄다고 아빠한테 혼날까봐 얼른 땅속에 묻어버렸다.

크고 모양이 예쁜 것들은 아빠의 군의원 친구가 선물용으로 팔아주었다. 다닥다닥 많이 열어 자잘한 것들은 할머니가 곡성시장에 가지고 갔다. 사람들은 처음 본 과일이라 물어보기만 했다. 결국 엄마가 지하실 항아리에 넣고 담금소주를 부었다.

키위밭은 아빠가 1989년에 관광농원 사업을 구상할 때 포함되어 20년 넘게 유지되었다. 그러나 2003년 태풍 '매미'가 우리나라 전역을 강타했을 때, 콘크리트 지지대가 넘어가면서 엉망진창이 되었다. 그 뒤로 키위밭은 사라지고, 조경수와 농작물이 자라게 되었다. 산새들이 키위를 먹고 뒷산 골짜기 곳곳에 씨앗을 퍼뜨리는 바람에 지금 연못정원에도 키위덩굴이 자라고 있다.

매실나무와 대추나무

1985년 소 파동으로 소를 팔아도 사료값이 안 나오던 시절, 아빠는 축협에 밀린 사료값 1천만 원을 갚기 위해 소를 모두 처분했다. 목초지가 쓸모없자, 그곳에 매실밭을 조성했다. 그때 삼기농협에 근무하던 고흥 출신의 명상무가 농촌 소득사업을 위해 곡성에 매실을 들여왔다. 건강식품으로 매실이 관심받기 시작할 때였다. 아빠는 농촌 운동을 위해 힘을 쏟는 명상무를 믿고 매실나무를 심기로 했다. 명상무와 함께 나주 매실밭과 가공 공장에 견학도 다녀왔다. 무농약 재배를 위해 엄마와 함께 진안까지 자연농법 교육을 받으러 다녔다.

이른 봄 매화꽃은 볼 만했다. 그러나 매실밭 6천 평에서 딴 매실들은 죄다 주근깨소녀의 볼따구니 같았다. 맛과 향, 영양성분에는 아무런 영향을 끼치지 않지만 사람들은 매끈한 초록 매실만 찾았다. 애초에 비옥한 땅이 아니라, 돼지똥(아빠는 소를 정리하고 돼지를 키웠다. 잠실은 '소마구'에서 '돼지막'이 되었다.)으로 직접 만든 퇴비를 해도 비료와 농약을 안 하니, 나무에 병이 들어 열매가 우수수 쏟아졌다.

엄마는 해마다 매실을 분류해 세 가지로 가공했다. 상처나 얽은 자국이 없는 청매실은 담금주용, 황매실은 효소용, 흠 있는 것들은 잘라서 장아찌용으로.

지하실에 담가놓은 매실주는 아빠가 유풍관광농원 사업을 할 때 요긴하게 쓰였고, 매실밭 6천 평은 눈썰매장이 되었다. 그때 심은 매실나무 중 한 그루는, 유풍정원의 연못가로 옮겨져 30년이 넘도록 봄이면 수면 위로 꽃잎을 떨구다가, 올봄 인동초덩굴에 뒤덮여 고사하고 말았다.

　복숭아와 자두나무를 파낸 자리에는 대추나무를 심었다. 토종대추보다 알이 굵고 당도가 높았다. 대추나무는 대추혹진딧물, 노린재류, 대추나무잎벌레, 대추나무잎혹파리, 가루깍지벌레 등의 해충 피해가 커서 4월 중순 잎이 피어날 무렵부터 살충제를 뿌려야 하지만, 아빠는 친환경농법을 계속 고집했다. 그래도 2천 평이나 되는 대추밭에서 많은 양의 대추를 수확했다. 쪄서 말린 건 가족들 간식으로, 생과를 건조기에 말린 건(그때 우리 집에는 건조기가 없어서, 아빠 친구가 운영하는 오곡면 미산리의 약대추농장 건조기에서 말려왔다.) '유풍농원 약대추' 이름이 찍힌 상자까지 제작해서 판매했다. 토질이 맞았는지 비료를 안 해도 굵고 단맛이 강해 인기가 많았다. 유풍관광농원 내에 특산품 판매장을 지어 판매할 정도였다.

　2003년 9월, 키위밭을 휩쓴 태풍 '매미'가 천근성인 대추나무를 그냥 둘 리 없었다. 주렁주렁 많이도 열린 대추가 연둣빛을 벗고 익어갈 무렵이었다. 대추나무는 태풍에 뿌리째 뽑혀나갔다. 찢어진 가지와 쏟아진 열매와 잎사귀들이 나뒹굴었다.

　태풍과 밭 정리에도 살아남은 대추나무 대여섯 그루가 지금 살고 있는 통나무집 뒤편 텃밭에 여전히 버티고 있다. 그 나무에서 딴 대추들은 여름에는 삼계탕에 넣는 약재, 겨울에는 대추차, 할아버지 제사상과 명절 차례상 제수(祭需) 중 하나로 귀하게 쓰이고 있다.

방죽에 빠진 소

우리 농원은 통명산 자락 경사지에 있어서 큰 개울은 없었지만, 산골짜기 계곡에서 내려오는 물길이 산도랑을 이뤄 집 주변 언덕길 아래로 흐르고 있었다. 뒷산이 바위투성이라 골짜기를 따라 빨래하기 좋은 넓적한 돌들이 널려 있고, 조금 옴팍한 곳에 산도랑 물이 흘러 모여 동네―세 집이 전부였다!―빨래터가 되었다.

할머니가 빨랫감을 챙기면 세 자매도 갈아입을 옷을 챙겨 빨래터로 쫄래쫄래 따라갔다. 빨래터 위쪽은 집 한 채 없는 산이라 물이 깨끗했다. 할머니가 팡팡 방망이질을 하고 철벅철벅 빨랫감을 헹굴 때, 우리들은 팬티만 입고 개울에 들어가 물놀이를 했다. 무릎 정도밖에 안 차는 얕은 물속에 누웠다 엎드렸다 하며 첨벙거렸다. 할머니가 빨래를 마무리하려고, 흙탕물 일으키지 말라며 소리 지르면, 우리는 할머니 잔소리를 뒤로 하고 산도랑을 따라 올라갔다. 산골짜기 계곡에서 돌을 들춰 숨어 있는 가재와 다슬기를 잡았다. 계곡 바닥에 있는 돌들을 들어내 물길을 막아 작은 툼벙을 만들어 놀기도 했다. 할머니가 빨래를 끝내고 우리를 소리쳐 불러야 여름에도 차가운 계곡물에 입술이 새파래져서는 물을 뚝뚝 흘리며 강아지들처럼 뛰어 내려왔다. 산도랑 빨래터에서 돌아오면 청단풍나무 그늘 아래 평상에 둘러앉아, 할머니가 자글자글 지져준 빨간 가재와 짭조름한 다슬기를 쪽쪽 빨아 먹던 여름의 기억은 지금도 혀끝에 남아 있다.

1987년경, 아빠가 방죽을 만들면서 빨래터는 사라졌다.

과수든 채소든 뿌리 내릴 때까지 크려면 물주기가 가장 중요하다. 몇 만 평 땅에서 자라는 작물들을 가꾸려면, 가뭄에도 쓸 농업용수 확보 시설이 필요했다. 처음엔 지하수를 개발해 쓰려고 업자를 불러서 한 해 겨울, 한 달 동안 우리 집에서 숙식을 제공해 가며 물길을 뚫어보려 했다. 그러나 그때는 작은 기계라 좀 파 들어가다가 큰 돌만 걸려도 달달거리며 기계가 멈춰 버렸다. 수십 군데를 뚫어도 안 돼, 산도랑을 막아 방죽을 만들기로 했다.

아빠는 산도랑 옆 500평 논에 심은 블루베리 묘목을 다른 곳으로 옮기고, 그 일대를 파 올렸다. 대형 굴착기를 불러 땅을 파고, 흙을 다지고, 돌을 쌓으며 열흘 넘게 공사를 했다. 방죽을 만드느라 2천만 원이 들었다.

"그때도, 땡전 한 푼이라도 나라에서 지원해줘까니? 내 힘으로 다 했제."

산골짜기 물이 졸졸 내려와 어느 세월에 그 넓은 방죽에 물이 차겠냐며 주변 사람들이 걱정했지만, 장마철이 지나자 물이 방방하게 차올랐다. 아빠는 경운기 엔진으로 돌아가는 10마력 피스톤 펌프를 50만 원을 들여 구입했다. 밭에 스프링클러를 설치하고 호스로 연결해 가뭄에도 과수와 농작물이 말라 죽는 일은 없었다.

방죽을 만든 이듬해 겨울, 방죽 아래쪽 도랑가 소마구간에서 소 열댓 마리를 키울 때였다. 아빠가 외출해서, 엄마 혼자 해 질 무렵 소들에게 저녁밥을 주는데, 소 한 마리가 부족했다. 울타리 문이 열려 있었다. 집 주변을 아무리 뒤져도 못 찾다가, 방죽 얼음이 깨진 것을 발견했다. 날씨가 추워 깨진 자국이 얇게 얼어 있었다. 아빠는 겨울이니까 썩지 않으니 그냥 두자고 했다. 엄마는 당장에 종섭이 아저씨를 부르자고 했다. 아빠는 물속에 들어가는 걸 두려워해, 대신 방죽에 들어가 소를 찾아 끌어낼 사람이 필요했다. 날이 컴컴해져 다음 날 아침 소 수색에 나섰다. 우종섭 아저씨가 왔다. 강에서 물고기를 잡는 일을 업으로 했고, 우리 집에 눈치나 은어, 붕어 등을 한 보따리씩 들고 자주 놀러왔다. 두 사람은 둑 양쪽에서, 김장배추 절일 때 쓰는 대형 고무대야를 타고, 도끼로 얼음을 깨면서 산기슭 쪽으로 나아갔다. 아빠는 둑방에 서서 지켜봤다. 엄마가 정신없이 도끼질을 하며 10m쯤 나아갔을 때, 종섭이 아저씨는 차근차근 얼음을 깨며 5m쯤 가다가 소고삐가 떠오른 걸 발견했다. 우리를 탈출한 소가 하필이면 방죽 쪽으로 달아나 물이 얼어 있으니, 맨 땅인 줄 알고 뛰어든 것이다. 고삐에 밧줄을 묶고, 세 사람이 잡아당겨 물 밖으로 죽은 소를 끌어냈다. 다 큰 암소였다.

떠오른 향어

농한기에 아빠가 엄마와 함께 반구정에 낚시하러 갔다가 대어를 낚았다. 통통하게 살이 쪄 비만이 된 잉어 같았다. 향어였다. 낚시 가방에 들어가지 않을 정도로 컸다. 트럭 짐칸에 싣고 집에 오는데, 향어가 트럭 바닥에서 퍼덕거려 텅텅 소리가 났다.

향어는 잉어목 잉어과에 속하는 민물고기로, 독일과 이스라엘의 잉어 품종을 교배한 개량종이다. 잉어보다 몸통이 두툼하고 비늘이 적다. 몸길이는 비슷하나 무게가 잉어에 비해 무겁고 성장 속도도 두 배 이상 빠르다. 길이가 50cm, 무게가 2~3kg에 달한다.

먹을거리가 다양하지 않던 1970년대 초, 국민들의 영양보충을 위해 이스라엘 농무성을 통해 향어 치어 1천여 마리를 들여왔다. 그 후 실험양식에 성공해 1970년대 후반부터 전국 대형 호수에서 대대적인 양식이 시작되었다.

1989년경, 아빠는 큰돈 들여 막아놓은 방죽이 수질도 좋고 저수량도 많은데 농업용수로만 사용하기 아까워, 향어 치어 5천 마리를 사다 넣었다. 비가 오는 날이면, 어린 향어들이 빗방울을 따라 물 위로 튀어 올랐다. 물방울이 떨어질 때마다 수면이 파르르 떨리고, 치어들은 잽싸게 솟구쳤다. 냇가에서 물장구치는 아이들처럼 들뜬 물고기 떼가 사료를 다투듯 헤엄쳤고, 방죽 전체에 생기가 넘쳤다. 5천 마리 치어가 이듬해 여름이 되자, 통통하게 살이 올라 붕어 월척만 하게 자랐다.

한여름이었다. 엄마가 방죽에 향어 밥을 주러 갔다가 기가 막혀 그 자리에 털썩 주저앉았다. 누런 배를 드러내고 떠오른 향어떼가 방죽 수면을 거의 다 뒤덮고 있었다. 벌써 배가 부풀고, 몇몇은 그 틈바구니에서 아가미를 헐떡이며 마지막 숨을 토해내고 있었다.

아빠는 "그냥 내버려 두라."며 돌아섰다. 물고기가 죽으면 떠올랐다가 다시 가라앉기 때문에 얼른 걷어내야 했다.

"저게 다 가라앉아 썩으면 물이 어떻게 되겠어요!"

엄마는 집으로 돌아가는 아빠의 뒤통수에 대고 소리쳤다. 이러쿵저러쿵 나쁜 소문이 날까봐 누구한테 도와달라고 할 수도 없었다. 뜨거운 땡볕 아래에서 고무대야를 타고, 엄마 홀로 사체를 건져내기 시작했다. 더위와 비린내와 구역질 때문에 죽을 것 같았다. 엄마가 돌아오지 않자 걱정이 되었는지, 아빠가 방죽으로 돌아와 그제야 뗏목을 만들자고 했다. 아빠는 뭐든지 손으로 뚝딱뚝딱 잘 만든다. 땔감용 통나무를 잘라 밧줄로 엮어 서너 명은 탈 수 있는 뗏목을 완성했다. 방죽을 가로질러 밧줄을 묶었다. 뗏목에 대형 고무통을 함께 싣고서, 그 줄을 잡고 다니면서 뜰채로 죽은 향어들을 걷어냈다. 시체더미가 쌓여갈수록 손에 낀 하얀 면장갑이 비릿한 향어 비늘과 부패한 악취로 뒤덮였다. 수천 마리 향어가 트럭에 실려, 몇 해 전 콜레라에 걸린 돼지들을 산채로 파묻었던 땅에 묻혔다. 축축한 비린내가 골짜기를 뒤덮었다.

폐사의 원인은 단순했다. 방죽 면적에 비해 너무 많은 향어를 넣은 것이다. 향어는 뻘로 된 호수나 늪지, 하천 바닥에 살며 작은 동물이나 조개류, 조류, 수초 등을 먹는 저서성(底棲性) 어류다. 사료를 먹고 급성장해 물 반 고기 반이 되자 수중 산소가 부족해 떠오른 것이다.

그래도 엄마의 빠른 결단과 행동력 덕분에 살아남은 향어들은, 산골짜기에서 흘러나온 깨끗하고 넉넉한 물에서 건강하게 자랐다.

2년 뒤 가을걷이를 끝내고 낙엽이 질 무렵이었다. 건넌 마을 근촌저수지엔 거대 물고기가 산다는 소문이 퍼졌다. 멀리서 사람들이 구경하러 모여들었다. 우리 가족도 저수지 둑방에 서서 소문의 거대 물고기를 목격했다. 전설 속 인어만큼이나 커다랗고 거무스름한 물고기 형체가 저수지 기슭 쪽으로 스윽 지나갔다. 낚시꾼들이 몰려들었지만 월척 붕어도 잡히지 않았다.

얼마 뒤 저수지 수문 보수 작업을 하느라 저수지 물을 뺐다. 마침 우리 집에서 아빠 계모임이 있어서 모인 사람들이, 물 뺀 저수지로 물고기를 잡으러 갔다. 드디어 거대 물고기 정체가 드러났다. 장마철 집중호우로 큰물이 져 방죽 물이 넘쳐흘렀을 때, 탈출한 향어 몇 마리가 저수지에 흘러 들어가, 거대한 한 마리처럼 떠다닌 것. 향어는 무리를 지어 활동하는 습성이 있다. 아빠와 계원들은 큰 저수지에서 어른 허벅지만큼 자란 향어를 대여섯 마리나 잡아왔다. 바깥 샘터에 두고 쓰는, 커다란 물 대야에 넣어도 어찌나 큰지 꼬리가 밖으로 삐져나왔다. 엄마가 향어회를 한 마리 떴는데, 대형 회접시로 네 개나 나왔다.

얼마 후 아빠가 갑자기 유풍관광농원 사업을 시작해 식당을 열자, 방죽의 향어들은 횟감이 되어 팔려나갔다. 아빠 머릿속에 다 계획이 있었던 것이다. 가족들에게 한 번도 상의한 적은 없지만.
아빠는 싱싱한 회를 식탁에 올리기 위해 주문이 들어오면 직접 방죽에 가서 향어를 잡아왔다. 처음엔 사료를 주면 향어들이 물가로 몰려 손쉽게 뜰채로 잡았다. 그러나 몇 번 그렇게 잡아가자, 사료를 줘도 향어들이 순순히 잡히지 않아 애를 먹었다. 그제야 바깥 샘에 대형 수족관을 들여놓았지만, 덩치 큰 향어가 파닥거리며 탈출하려 했다. 수족관 유리가 깨질 것을 걱정해서, 향어들을 무릎 정도밖에 안 차는 연못으로 옮겼다. 콘크리트 바닥으로 지하수가 흘러 들어가고 분수가 솟는 깨끗한 연못이었다. 아빠는 틈틈이 방죽에서 향어를 잡아 연못에 넣었다. 연못정원을 산책하는 사람들에게 신기한 볼거리가 되었다. 우리 연못은 쉰 걸음 정도 넓이에 물이 너무 얕아 덩치 큰 향어에게는 좋지 않은 환경이었다.

 방죽에 넣은 향어는 자연번식이 안 돼 점점 수가 줄어들었다. 아빠, 남동생, 형부도 가끔 방죽 낚시를 즐기고, 잘 아는 낚시꾼들도 종종 다녀갔지만, 향어 소식은 듣지 못 했다. 향어의 수명은 자연 상태에서 40년 정도다.

3장
줄기: 하늘로 뻗는 야심

유풍관광농원

어린 우리는 늘 '부잣집 딸'이라 불렸다. 드넓은 농원은 우리의 자랑이었다. 잠업과 축산업의 짧은 성공으로 농원의 터를 닦았지만, 규모에 비해 과수와 농산물 수익은 시원찮았다.

"무턱대고 안 허고, 머리 써서 헌게 농사는 잘 지었제. 그놈에 시세가 안 좋아가꼬."

과실수는 토질이 안 맞아서, 곡식과 채소류는 시세가 나빠서 그렇다.

아빠는 말수가 적었지만 머릿속은 늘 분주했다. 말없이 눈을 꿈쩍거릴 때마다 엄마와 할머니 앞에 새로운 일이 벌어졌다. 계획은 가족에게 통보 없이, 새로운 사업은 이미 시작된 후에야 아는 게 일상이었다. 계곡물을 막아 방죽을 만들어 향어를 키우고, 키위밭 둘레에 울타리를 쳐 토종닭 200마리를 풀어 놓고, 야산 둔덕 참나무 숲에는 철조망을 두르고 사슴과 칠면조를 키웠다.

아빠는 소를 보는 눈이 있었다. 좋은 송아지를 싼값에 사다가 잘 먹여 금세 비싼 값을 받고 팔았다. 그렇게 소로 한창 재미 볼 때, 아랫집 김충국 아저씨가 말했다.

"강만행이는 한 발짝 뗄 때마동 돈이 얼매씩 올라가고, 정동신이는 눈 한번 깜짝일 때마동 돈이 생긴당께."

강만행은 산판 일을 해서 돈을 많이 번 사람으로, 삼기면 곳곳에 산을 여럿 가지고 있었다. 그러나 1985년 소 파동과 사료값 폭등으로 소를 정리했다. 양돈사업을 몇 년 하다가 콜레라로 끝이 났다. 축협 융자를 받아 다시 소 열다섯 마리와 토종닭을 키웠다.

광주일보 편집국장이었던 아빠의 막내외삼촌이 회사 사람들을 데리고 종종 놀러왔다. 방죽에서 낚시하며 놀다가, 키위밭에 풀어 먹이는 토종닭을 엄마가 바로 잡아서 삼계탕을 끓여주면, 단풍나무 그늘 아래 평상에서 식사했다. 농원에서 키운 신선한 무농약 채소들로 요리 솜씨 좋은 엄마가 뚝딱뚝딱 바로 만든 배추겉절이, 애호박전, 가지나물, 꽈리고추간장무침, 오이소박이, 부추겉절이, 감자채볶음, 들깻잎김치, 도라지생채 등의 푸성귀 반찬을 남김없이 먹었다. 사람들은 농원을 산책하며 무릉도원이 따로 없다고 좋아했다. 그때는 식당을 열기 전이라 엄마에게 맛있게 잘 먹었다며 수고비를 줬고, 우리 남매들에게도 용돈과 함께 곡성에서는 구경할 수도 없는 큼직한 과자선물세트를 안겨주고 갔다.

농사만 지어서는 큰 수익을 내기 힘들겠다 싶어서 궁리를 거듭하던 중, 아빠는 도시에서 온 사람들이 좋아하는 것을 보고 힌트를 얻었다. 때마침 정부에서 관광농원 제도를 만들어 시행하고 있었다. 시골 농장에 도시민들의 휴식공간과 음식점, 농산물 직판장 등을 만들어 소비와 소득을 촉진시킨다는 전략이었다. 시기적절하게 우리 농원 앞을 지나는 호남고속도로 확장 공사가 끝났다. 곡성 IC에서 농원까지는 5분 정도 걸렸다. 광주에서 가깝고 교통이 편리해서 사업성이 있어 보였다.

아빠는 1990년에 관광농원 계획서를 작성해 곡성군에 제출했다. 2억 원 이내로 사업자금을 융자받을 수 있었고, 자부담은 30%였다. 농원 이름은, 누에 키우고 소 잘 키울 때 우리 집에 종종 다녀간 정삿갓 어른이 지어준 '유풍(裕豊)'으로 정했다. 아빠가 제출한 유풍관광농원 계획서는 도에서 2차 심사를 했다. 도는 2~3개의 관광농원만 허가했는데, 다행히 유풍농원에 허가가 떨어졌다. 농협은행에서 1억7천4백만 원의 융자를 받고, 자부담금을 만들기 위해 소를 전부 팔고, 있는 돈을 모조리 긁어모았다.

1991년 한 해 동안 관광농원 부지를 조성했다.

27번 국도변 부릿재 유풍농원 입구, 간판이 세워진 곳부터 통명산 등산로가 있는 농원 경계까지 이어지는 좁은 비탈길은 비포장 흙길이었다. 아빠는 이 길을 300m에 걸쳐 직접 포장했다. 곡성에 레미콘 공장이 없던 시절이라 시멘트와 자갈, 모래를 사서 인부들과 함께 직접 콘크리트를 개고 부어 올렸다. 진입로 공사에만 2천만 원이 들었다.

옛집 뒤 대추밭과 키위밭은 과수원과 양계장으로 만들었다. 사슴농장 참나무들도 가지치기하고, 울타리 주변 수풀도 정리했다. 방죽의 낚시터 자리도 넓혔다. 둑방 왼쪽 언덕에는 방죽이 내려다보이는 정자를 지을 터를 닦고, 뺑 둘러 동백숲을 만들 땅을 마련했다. 방죽 안쪽 좁다란 골짜기에서 시작해 오른쪽 산기슭에 이르는 숲은 소나무, 참나무, 은사시나무, 꾸지뽕나무, 진달래, 갯버들 등이 병풍처럼 둘러싸고 있어, 몇 번의 흑역사에도 불구하고 방죽은 사계절 아름다운 풍광을 품고 있었다.

숙박시설과 음식점, 특산물 판매장, 연못정원, 주차장이 들어설 터를 닦기 위해 복숭아밭과 자두밭 일대를 밀었다. 나머지 밭은 음식점 식재료를 공급하고 주말농장 신청을 받기 위해 도라지와 채소를 재배했다.

생활용수와 식수, 그리고 연못을 채우고 폭포수를 흐르게 할 물을 얻기 위해 관정 개발도 서둘렀다. 옛집 창고 앞에 관정 파는 굴착기를 들여 지하암반을 뚫었다. 하루 만에 맑은 물줄기가 콸콸 솟구쳐 올랐다. 개발자가 관정을 뚫으며 보여준 돌덩이들은 깊이에 따라 색이 달랐는데, 단면 하나하나가 지층의 세월을 품은 기록이었다. 이 물은 이후 농원 전체를 살아 숨 쉬게 하는 젖줄이 되었다.

유풍농원은 전문가나 컨설턴트의 도움 없이 모두 아빠의 머릿속에서 나온 것이다. 정원도 그렇다. 농원 터의 지리적 특징에 알맞게 구상했다. 나무로 둘러싸인 산중 마을에서 태어나 유년기를 보내고, 청년 시절부터 다양한 농작물과 수많은 나무를 가꿔온 세월들이 아빠의 자연관을 만들었다.

다채로운 정원수들로 가꾼 정원에 둘러싸인 통나무 음식점과 펜션을 세우고, 풍부한 자연환경을 활용해 방죽 낚시터, 과수원, 주말농장, 닭장, 사슴농장, 연못정원 등을 조성했다. 농원을 찾는 사람들이 낚싯대를 드리우고, 제철 농산물을 맛보고, 생생한 농촌 풍경을 즐기고, 사계절의 빛과 향기를 느낄 수 있도록 모든 시설을 하나로 엮어냈다. 아빠가 구상한 유풍관광농원은 단순한 농장이 아니라, 자연과 더불어 머물고 쉬어가며 함께 즐길 수 있는 삶의 공간이었다.

통나무집 두 채

아빠의 머릿속에만 있던 구상이 마침내 통나무집으로 첫 모습을 드러냈다. 1991년 겨울, 미국 몬태나주에서 삼나무 목재가 산골마을로 실려 왔다. 눈발 흩날리는 산자락에서, 로그하우스 업체의 미국인 목수 크리스와 통역가 유형수 아저씨가 한 달 동안 우리 집에 머물며 통나무를 한 줄 한 줄 쌓아 올렸다. 1992년 봄, 내부 단열과 인테리어까지 마무리되자 비로소 집의 심장이 뛰기 시작했다.

그때까진 국내에 통나무집이 흔치 않았다. 짓기 전 제주도까지 가서 통나무집을 직접 보고 왔다. 건축회사에서는 평당 300만 원을 제시했지만, 아빠는 조립만 전문 목수에게 맡기고 나머지는 직접 사람들을 구해 평당 150만 원으로 공사를 마무리했다.

부지 500평에 나란히 들어선 통나무집 두 채는 유풍농원의 상징이 되었다. 왼쪽 67평 규모의 음식점은 부엌과 식당, 벽난로가 있는 거실, 세 개의 방, 그리고 야외 탁자 세 개가 놓인 넓은 테라스를 갖추었다. 오른쪽 42평 규모의 펜션은 벽난로가 있는 거실과 네 개의 방, 그리고 테라스로 이루어졌다. 테라스에 서면, 앞마당 정원과 돌계단 아래로 이어진 연못정원이 한눈에 펼쳐졌다.

아빠가 통나무집을 택한 이유는 분명했다. 콘크리트 벽에 갇힌

집이 아니라, 자연에 가까운 집을 짓고 싶었던 것이다. 나무벽을 따라 흐르는 나이테와 창틀에 스민 수액 자국, 집 안 가득 퍼지는 목재의 향기! 거실 천장과 벽마다 살아 있는 나무결은 숲속의 고요를 그대로 옮겨온 듯했다. 바람이 불면 통나무 사이로 낮은 숨소리가 들리는 듯했고, 벽난로에 불을 피우면 불꽃이 나무결과 어우러져 격정적으로 춤췄다.

통나무집은 산자락의 곡선을 따라 지어진 듯, 주변 자연과 경계 없이 어우러져 서 있다. 지붕은 오래된 고목의 빛깔을 닮아, 햇살과 구름에 따라 짙어졌다 엷어지며, 산비탈의 숲과 이어진다. 박공지붕 구조라 비와 눈이 쉽게 흘러내리고, 처마 밑은 깊어 사계절 내내 햇빛과 비바람을 막아준다. 지붕 선은 계절의 빛을 따라 색을 달리하며, 저녁이 되면 황혼 빛과 하나가 된다. 외벽은 두툼한 통나무를 수평으로 맞물려 쌓아 올린 로그하우스(log house) 방식이다. 모서리는 나무 끝이 번갈아 맞물리도록 교차시켜 안정감을 더했고, 목재 고유의 결이 살아 있어 시간이 지날수록 색이 깊어진다.

집의 중심은 돌로 쌓아 올린 벽난로 굴뚝이다. 크기와 모양이 제각각인 강돌을 거칠게 쌓은 듯하지만, 실제로는 정교하게 짜 맞추어 단단히 고정했다. 자연석 특유의 질감 덕분에 산허리에서 솟아난 바위기둥처럼 보인다. 굴뚝의 넓은 기단부는 안정감을 주고, 위로 갈수록 가늘어지며 수직성을 강조한다.

창문은 사각형으로 단정히 배치되었고, 굵은 목재 프레임이 둘러싸 집의 견고함을 더한다. 유리창에는 숲과 하늘이 비쳐 낮에는 자연의 풍경을 들이고, 밤에는 내부의 불빛을 밖으로 흘려보낸다. 현관으로 이어지는 작은 목재 계단은 간결하면서도 실용적이며, 손이 닿은 난간에는 세월의 결이 묻어 있다.

집의 기단부는 둥근 강돌을 시멘트 몰탈과 함께 단단히 쌓아, 습기를 막고 집 전체의 무게를 떠받친다. 나무와 돌, 두 가지 재료가 아래위를 나눠 지탱하는 구조는 단순하지만 안정적이고, 시각적으로도 조화를 이룬다.

집 주변의 잔디밭은 부드럽게 집을 감싸고, 옆에 심어진 나무들은 사계절 내내 그늘과 바람, 향기를 건네준다.

통나무집은 숲에서 나온 재료로 자연 속에 뿌리내린 건축이다. 나무와 돌, 흙과 햇살이 어울려, 시간이 지날수록 자연과 더 닮아가는 집이다.

두 채의 통나무집은 단순한 건물이 아니다. 아빠가 오래 품어온 꿈이 현실이 되어, 자연과 더불어 살아가려는 새로운 삶의 보금자리였다. 아빠는 음식점과 펜션, 연못정원, 과수원, 닭장, 사슴농장, 주말농장 등의 시설을 갖추고, 많은 사람들이 찾아와 즐기기를 바랐다. 그리고 그것이 수익사업으로 이어지기를 바라며 유풍관광농원을 시작했다.

유풍농원의 나무들, 왼쪽으로 들어서면

27번 국도변에서 부릿재 유풍농원 입구에 들어서면, 가장 먼저 눈에 띄는 것은 15m 높이 입간판이다. 유풍농원 간판 뒤 왼편으로는 느티나무, 배롱나무, 벚나무, 홍단풍이 자라는 조경수밭이 펼쳐진다. 느티나무들은 아빠의 고향 마을 금계리 자낭골 출신이다. 내가 여덟 살 무렵, 아빠는 봄볕이 따스한 날에 자낭골 산도랑으로 가재를 잡으러 가자고 했다. 아빠가 금계리에 살 때 이태리포플러 묘목을 심었다가 쓴맛을 본 곳이다. 우리 논도 한 다랑이 있었다. 그곳 도랑가에 당산나무만 한 느티나무와 바윗덩이들이 많아서, 아빠가 친구들과 풀 베고 나무 하러 가면 꼭 그 나무 아래서 쉬어 갔다. 주변으로 느티나무 묘목들이 수북이 나 있었다. 우리는 산도랑 돌을 들춰가며 가재를 찾고, 아빠는 엄마랑 어린 느티나무를 캤다.

　우리 집 뒷산에 산벚나무가 많아 기슭에서 어린나무들을 캐다 심었다. 산골 출신들이라 가로수나 강변에 있는 왕벚나무 흰 벚꽃이 질 무렵 느지막이 연분홍빛이 번질 듯 말 듯 꽃을 피웠다.

　홍단풍나무와 배롱나무는 신월리에서 조경수를 키우는 장길균 씨에게 묘목을 사서 삽목으로 키운 것이다. 꽃나무가 많아 '신월리 꽃집'으로 부른다. 홍단풍은 연필자루만 한 묘목으로, 배롱나무는 삽목으로 많이 번식시켜 농원 길가에 밭두렁에 정원 곳곳에 옮겨 심었다.

　조경수밭 위로 채소밭과 주말농장 부지가 이어진다. 도라지, 고추, 마늘, 옥수수, 무, 배추, 감자, 고구마, 들깨, 참깨 등이 재배된다. 주말농장 안내 표지판이 세워진 밭두렁에 은행나무 두 그루가 가지를 옆으로 뻗으며 자란다. 아빠가 은행알을 판매할 목적으로 암그루를 접목해서 키운 나무다. 키가 작을 때부터 굵은 은행알이 조랑조랑 열렸다. 냄새가 지독한 은행알을 엄마가 손질해 씻어서 마당에 널어놓으면 코를 막고 지나다니면서도, 아빠가 숯불에 살살 굴려 구워준 연초록 은행알은 고소하고 쫀득했다. 채소밭에 그늘이 질까봐 줄기를 잘라 키를 낮췄더니, 가지를 옆으로 뻗으며 자라기 시작했다.

채소밭을 지나 주차장 건너편에 닭장이 있다. 입구에 한 그루, 닭장이 끝나는 곳에 한 그루, 모과나무를 심었다. 이 나무들도 아빠가 묘목으로 키워 옮겨 심었다. 5월에 연분홍 꽃이 필 때, 가을에 노랗게 익어 달콤한 향기를 풍기는 모과 열매를 매달고 있을 때도 아름답지만, 회녹색 수피 조각이 군데군데 벗겨져 연둣빛에서 적갈색으로 변해가면서 얼룩덜룩 무늬를 만드는 봄날 또한 매력적이다.

닭장 가는 길 양쪽으로는 엄마가 지켜낸 블루베리나무 여섯 그루를 심었다. 오른쪽 비탈의 블루베리 나무는 평지에 심은 것보다 훨씬 잘 자라고 열매도 굵다. 토종 블루베리 정금나무가 산등성이에서 잘 자라고 열매도 많이 열리는 것처럼, 저 아래 골짜기 논에서 위로 위로 올라와 10년 만에 열매가 열렸다.

닭장 위, 음식점 건너편으로 농원 특산물 판매장과 임시 주차장으로 쓰는 공터가 있다. 아빠는 유풍농원을 연 지 3년 만에 이곳에 70평 넘는 한옥 연회장을 지었다. 입구부터 금식나무, 자목련, 홍도화, 홍단풍 두 그루가 차례로 서 있다. 금식나무는 줄기와 가지가 초록색인 상록관목으로, 한겨울에도 윤기 나는 초록 잎사귀에 황금가루가 뿌려진 듯 노란 반점들이 있다. 관상수로서 가치도 있지만, 광주에서 꽃집을 하는 친척이 결혼식 부케를 만들 때 많이 쓴다며 추천한 나무다. 연중 삽목이 가능하고 발근율이 높아 번식이 쉽다. 지표 가까이 뻗어가던 뿌리에서 줄기가 올라와 새로운 개체가 생기기도 한다. 뿌리에서 자라나 연못가에 두 그루, 음식점 앞에 한 그루 옮겨 심었다.

뒤편 언덕배기에는 진분홍 꽃이 피고 앵두만 한 사과가 열리는 꽃사과나무 다섯 그루와 산목련, 소나무들이 바람막이가 되어준다.

특산물 판매장 위쪽 볕이 잘 드는 장독대에는 할머니와 엄마가 담근 장항아리들이 늘어서 있다. 장독대 옆 비탈길엔 섬잣나무와 피라칸타를 심었다. 둘 다 신월리 꽃집 출신이다. 꽃은 흰색인데 가을이 되면 불꽃같은 열매가 가지마다 꽃숭어리처럼 달리는 피라칸타. 겨우내 초록 잎과 붉은 열매를 떨구지 않는 상록관목이라, 하얀 눈 속에서 더 빛난다. 아빠가 울타리용 조경수로 판매하려고 삽목을 많이 해 키웠다. 그러나 '까시댕이' 가지를 전지하는 일이 번거로워서 그런지 잘 팔리지 않아, 한 나무만 유풍농원 장독대 곁에 자리 잡고, 나머지는 결국 밭을 정리할 때 땅속에 묻혔다.

장독대 뒷길 왼쪽으로는 대추나무가 밭두렁에 자라는 텃밭이다. 대추나무 몇 그루는 2003년 악명 높은 태풍 매미가 휩쓴 가운데에서도 살아남아 여전히 우리 곁에 있다. 텃밭가에 홍도화, 배롱나무, 장미가 꽃을 피운다.

텃밭 위 언덕배기에는 소나무 쉼터가 펼쳐진다. 오른쪽 뒤로 이어지는 3천 평은 바위투성이 소나무숲이었는데, 군에서 관광농원 부지 개발을 위해 임야를 밭으로 변경해준 덕분에 소나무밭이 되었다. 밤나무도 몇 그루 있고, 가막살나무와 생강나무, 제피나무가 바위틈에서도 잘 자란다. 그곳의 작은 소나무 몇 그루는 정원에 심고, 아빠 눈에 든 돌들은 정원석이 되었다. 쉼터에는 소나무 아래에 평상과 너럭바위를 놓고, 옆에 벚나무 두 그루를 심었다. 저 건너 저수지와 국사봉이 바라다 보이는 전망도 좋고, 여름에 우리 농원에서 가장 시원하게 바람이 부는 곳이다. 어린 시절 그곳에 원두막이 있었다. 여름밤 아빠랑 원두막에 누워 별을 본 추억의 장소다. 새까만 밤하늘을 바라볼수록 늘어가는 별들이 머리 위로 쏟아질 것도 같고, 그 별들이 있는 곳으로 쑤욱 빨려들어 갈 것도 같아 신비롭고 두려웠다.

유풍농원의 나무들, 오른쪽으로 들어서면

유풍농원 입구에 들어서 10m쯤 오르면, 오른쪽에 옛집으로 들어서는 흙길이 나온다. 길목에는 겹벚꽃나무가 서 있다. 봄이면 캉캉치마 레이스 주름 같은 분홍 꽃잎이 층층이 겹쳐 피어, 지나가는 사람에게 가장 먼저 인사를 건넨다.

겹벚꽃나무 뒤쪽에는 토종닭을 풀어놓은 키위밭과 닭장이 있다. 그 오른쪽으로 가면 방죽이다. 방죽 입구에 등나무와 쉬나무가 서 있다. 풍성한 꽃을 피우는 밀원식물이다. 옛집에 살 때 아빠가 그 근처에 벌통을 몇 개 놓고 꿀을 땄다. 벌집에서 생 로얄제리를 따 우리 4남매에게 한 입씩 먹여줬다. 몸에 좋다며 권했지만, 아린 맛 때문에 숨을 참으며 겨우 삼켰던 기억이 아직도 생생하다.

방죽 왼쪽 비탈과 언덕에는 오동나무 한 그루가 물을 굽어본다. 5월이면 가지 끝의 원추꽃차례를 부풀려 연보라색 대롱꽃을 피운다. 바위투성이 방죽 기슭에는 꾸지뽕나무가 여럿 사는데, 붉게 익어 달콤한 즙이 풍부한 열매를 산새들이 따먹고 여기저기 씨앗을 퍼뜨렸다. 꾸지뽕나무 가지에는 손가락 한두 마디나 되는 가시가 있어서, 잎이나 열매를 딸 때 각별히 조심해야 한다. 가시투성이 줄기와 함께 돌틈에서도 곧게 뻗어나갈 정도로 생명력이 강한 샛노란 뿌리까지 약재로 쓰인다.

방죽과 닭장 사이 길로 더 올라가면, 참나무숲 속에 울타리를 친 사슴농장이다. 사슴 몇 마리가 한가로이 풀을 뜯고, 가지 위에서는 칠면조가 시끄럽게 울어대며 주변을 살폈다. 사슴농장 너머로는 대추밭이 이어진다. 그 위쪽은 한때 복숭아와 자두밭이었다. 지금은 계단식으로 다듬어 주차장과 연못정원, 통나무집 두 채가 들어서 있다.

유풍정원에는 계절의 변화를 보여주는 벚나무, 느티나무, 단풍나무, 목련, 모과나무, 생강나무, 철쭉, 진달래, 홍도화, 블루베리, 매실나무, 미스김라일락, 장미 등의 낙엽수들과 사철 푸르름을 간직하는 정원을 만들기 위해 동백나무, 태산목, 향나무, 소나무, 히말라야시다, 꽝꽝나무, 호랑가시나무, 금식나무, 피라칸타 등 상록수들이 어우러진다.

아빠는 초본식물보다 목본식물에 애정이 깊다. 수많은 정원수와 정원석 사이에서 이어 달리듯 꽃을 피우는 화초들은, 엄마와 할머니가 산과 들, 시장 꽃집, 지인들 정원에서 데려와 심고 가꿔온 것들이다. 그래서 할머니와 엄마는 화초들이 나무 그늘에 치여 햇빛을 못 받을까봐 아빠에게 가지치기 좀 하라고 늘 성화다. 엄마와 내가 나무를 전정하면 아빠에게 꼭 잔소리를 듣는다.

"꽃 지거든 잘라야제."

"꽃나무는 가을에 전지하는 거여."

"그렇게 싹둑 잘라 불면 내년에 꽃 못 본당게."

"나무가 그만씩이나 뻗을라고 얼마나 고생했는디."

꽃이 찻잔만큼 크고 화려한 작약과 백합, 참나리 정도만 아빠가 아끼고 신경을 쓴다.

주차장으로 오르는 입구에는 금반향나무 두 그루가 문지기처럼 서 있다. 푸른 잎 사이로 연노랑 바늘잎과 비늘잎이 함께 나 있어, 처음 보는 사람들은 신기하다며 발길을 멈추곤 한다. 비탈은 철쭉으로 채워져 봄이면 진홍빛으로 물들었다. 주차장과 연못정원과 펜션이 산기슭과 닿는 곳에는 히말라야시다들이 늘어서 있다. 아빠와 엄마가 함께 곡성농고 묘목장에서 무료분양 받아서 캐다 옮겨 심은 것들이다. 지금은 키가 커서 농원의 푸른 울타리가 되었다. 비탈 중앙에는 돌계단을 놓았다. 중간 계단참 옆에 장미를, 마지막 계단 양쪽으로 주목을 심었다. 철쭉이나 주목은 1년에 두 번씩 전지해야 보기에 좋다. 특히 계단가에 심은 주목을 그냥 두었다가는 한 해만 지나도 방사형으로 가지를 뻗어 한 사람이 지나갈 틈도 없어진다.

돌계단을 오르면 연못정원 잔디밭이다.

좌, 우 연못 두 개가 기다란 수로로 연결되어 있다. 오른쪽 연못이 살짝 낮아 수로에서 물이 흘러 들어간다. 왼쪽 연못은 정면 비탈에 암석을 쌓아올리고 지하수 파이프를 연결해 폭포수가 연못으로 흘러내려 연못물을 채운다. 바닥은 물이 새지 않도록 콘크리트를 깔고, 양쪽 연못 가운데에 분수대를 설치했다. 연못가에 앉아 쉴 수 있도록 위쪽이 편평한 정원석들로 연못 둘레돌을 놓았다.

둘레돌 사이사이와 암석정원에는 철쭉이 뿌리를 내리고 산다. 4월에서 5월, 하양 다홍 자주 진분홍 주황빛 꽃들이 차례차례 터져 나와 정원의 봄을 아름답게 수놓는다. 꽃송이는 크지 않지만 한 가지에 모여 흐드러지게 피어나기에, 멀리서 보면 꽃안개가 걸린 듯 아련하다.

아빠는 같은 철쭉이라도 색과 품종, 피어나는 시기를 달리해 일부러 섞어 심었다. 어느 꽃이 먼저 타오르고, 어느 꽃이 뒤이어 잔향처럼 퍼질지 계산하여 배치한 것이다. 덕분에 연못가 풍경은 한철 불시에 만개했다가 꺼지는 게 아니라, 봄에서 초여름까지 화려한 철쭉꽃 물결이 이어진다. 아빠는 가지를 다듬을 때도 꽃들이 서로 빛을 가리지 않도록 조율하며, 철쭉 하나하나를 주인공처럼 다뤘다.

철쭉은 상록관목이라 계절의 옷을 갈아입듯 모습을 바꾼다. 봄에는 꽃으로 눈을 사로잡고, 여름에는 윤기 나는 초록잎으로 그늘을 드리운다. 가을이면 단풍이 곱게 물들어 또 한 번 정원을 밝히고, 겨울에도 잎을 떨구지 않아 연못가에 푸른 기운을 남긴다. 땅속으로는 뿌리를 사방으로 뻗어 척박한 돌틈에서도 끈질기게 살아간다. 그렇게 철쭉은 사계절 내내 자리에서 떠나지 않고, 아빠의 손길 아래 정원의 색과 호흡을 지휘하는 조율자가 되었다.

철쭉들 사이에는 바위에 몸을 기대어 눕듯 자라는 눈향나무가 바람결에 부드러운 선을 그린다. 뚝향나무는 가지를 수평으로 길게 뻗어, 정원의 호흡을 넉넉히 늘려준다. 둘레돌 위에 앉아 물을 들여다보면, 철쭉과 향나무 그림자가 일렁이며 어깨동무한다.

유풍정원의 철쭉과 향나무 종류는 모두 신월리 꽃집에서 사왔다. 유풍정원에는 20여 그루의 향나무가 살고 있다. 아빠는 향나무들의 수형과 자라는 방식, 성질을 고려하고, 유풍농원의 정원 환경과 자리에 맞춰 다양한 품종의 향나무를 심었다. 잎색이 변하는 금반향나무는 위로 곧게 자라 정원의 기둥처럼 서고, 수평으로 퍼지는 뚝향나무는 경사를 붙잡으며 사면을 덮는다. 둥근향나무는 여러 갈래로 갈라져 원형을 이루니 정원의 포인트가 되고, 눈향나무는 비스듬히 뻗어 암석정원과 연못의 경계를 지킨다. 전정에 강한 가이즈카향나무는 원하는 모양으로 다듬어 정원의 질서를 세우고, 사철 은청색을 띠는 스카이로켓향나무는 스스로 원추형을 이루며 품격을 높인다.

향나무를 들여다보면 어린 가지에는 만지면 따끔한 바늘잎이 돋고, 성숙한 가지에는 끝이 둥글고 매끈한 비늘잎이 겹겹이 달린다. 바늘잎은 주로 어린 개체에서 나타나는데, 성숙한 나무도 강전정이나 이식, 극심한 건조나 병충해로 스트레스를 받은 경우에 바늘잎이 생긴다. 바늘잎이 척박한 환경에서 생존에 유리한 형태이기 때문이다. 해마다 4월이면 지름 1.5mm 남짓한 꽃을 피우는데, 수꽃은 노란 타원형이고 암꽃은 동그랗게 맺힌다. 눈에 잘 띄지 않아 '눈이 어두우면 향나무 꽃은 못 본다'는 옛말이 있을 정도다. 열매는 두 해가 지나야 비로소 여물어 자흑색으로 변한다. 작은 별처럼 영근 구과 안에는 세 개의 씨앗이 숨어 있다.

아빠의 손길 아래 자리 잡은 향나무들은 해마다 전지해서 수형을 정리해야 보기에 좋은 품종들이다. 자라는 방향이 제각각이라 몇 년 그대로 두면 서로 얽혀 향나무숲이 되어 버린다.

  아빠는 연못정원을 야외결혼식장으로 구상했다. 연못 앞쪽에 가로로 살짝 눌린 타원형 잔디밭이 넓게 펼쳐진다. 진입로 오른쪽 연못정원 입구에 여름부터 가을까지 진분홍 꽃이 피는 배롱나무가 서 있다. 거기서 서너 걸음 지나, 잔디밭 가운데를 가로질러 두 사람이 나란히 걸을 수 있는 판석 길을 깔았다. 판석 길이 시작되는 곳 양옆으로 은청색 제복을 입은 문지기처럼 늘씬한 스카이로켓향나무가 신랑 신부의 길잡이라도 되듯 서 있다. 결혼식이 열리면, 그 사이에서 입장을 시작한다.
  잔디밭을 가로지르는 판석 길은 오른쪽 연못의 아치형 돌다리와 연결되고, 돌다리를 건너면 하트 모양의 야외결혼식 무대로 이어진다. 무대로 올라가는 두 칸짜리 돌계단 양쪽에 뚝향나무를 심어 수호신 현무 한 쌍이 마주보는 형상으로 다듬었다. 무대 뒤에는 동백나무가 병풍처럼 둘러서 있어, 겨울에도 정원은 늘 푸르고 단정하다. 무대 오른쪽 연못가에 매실나무를 심어 이른 봄 매화향기가 연못정원에 퍼진다. 두 연못을 잇는 수로쪽 비탈에 하트 모양으로 철쭉을 모아 심고, 흑장미를 포인트로 삼았다.

  연못정원 잔디밭가, 주차장 비탈과 만나는 곳에는 진입로 쪽부터 차례로 둥근향나무, 느티나무, 홍도화, 단풍나무, 벚나무, 박태기나무를 심었다. 연못정원 오른쪽 구석에 옥외 화장실을 짓고, 가림막 삼아 가이즈카향나무와 목련을 두었다. 목련꽃이 질 때면 꽃잎으로 수면이 뒤덮인다. 옥외화장실과 야외결혼식 뒤편으로 편백나무들이 서서 겨울바람을 막아준다.

연못가와 수로 주변에는 초여름부터 서리 올 때까지 향기로운 꽃을 피우고 겨울에도 윤기 나는 잎을 떨구지 않는 꽃댕강나무 세 그루, 비늘잎이 실처럼 늘어지는 실편백, 짧은 침엽이 다섯 개씩 뭉쳐나는 섬잣나무, 줄기가 굽어 키 작은 소나무, 어린 가지의 침엽이 금색으로 물드는 금반향나무를 심었다. 마른 가지를 분지르면 '댕강' 소리가 난다고 이름 붙인, 꽃댕강나무도 신월리 꽃집에서 묘목을 사다가 아빠가 삽목으로 키워 정원 곳곳에 심었다. 1년에 두 번 가지치기하지 않으면 봉두난발이 되어 길목을 막는다.

연못가 정원수들을 따라 반원 모양으로 납작한 징검돌을 놓아 잔디밭을 가로지르는 판석길과 돌다리 앞에서 만난다. 연못가 판석길은 아래쪽 주차장에서 올라오는 계단 끝에서부터 이어져, 두 연못을 연결하는 수로 위에 놓인 너럭바위에 닿는다. 수로의 둘레돌 틈에 심어놓은 참빛나무가 가을이면 단풍 든 잎새와 붉은 열매를 매달고 부채살 같은 가지를 너럭바위 위에 펼친다. 참빛나무는 가지에 화살의 깃처럼 생긴 코르크가 길게 발달해 화살나무라고 하는데, 촘촘한 참빗살처럼 생겨서 여기서는 참빗나무로 통한다. 뒷산 기슭에 자생하는 나무를 옮겨 심었다.

너럭바위 다리는 돌계단으로 연결된다. 계절마다 표정을 바꾸는 돌계단은 너럭바위를 지나 통나무집으로 이어지는 길목이다. 아래쪽에는 둥근 강돌을 촘촘히 쌓아 만든 낮은 계단이 넓게 펼쳐지고, 첫 계단 양쪽에는 꽃샘추위에 붉은 꽃을 피우는 동백나무 한 쌍이 나란히 서 있다. 그 위로는 둥근 수형으로 다듬어진 향나무가 둘씩 이어져 초록빛 통로를 만든다. 계단 왼쪽 비탈에는 블루베리나무와 동백나무가 푸른 음영을 드리우고, 오른쪽 비탈에는 영산홍과 주목이 어우러진다.

봄이면 붉은 영산홍이 양쪽에서 활활 타오르고, 초여름에는 장미와 작약이 계단가에서 손짓한다. 녹음이 짙어지는 한여름에는 향나무와 동백잎 사이로 그늘이 드리워지고, 가을이면 단풍과 낙엽이 계단 사이에 쌓여 은은한 갈색으로 물든다. 눈 내린 겨울에는 둥근 향나무와 동백나무 초록 잎새 위에 하얀 눈이 소복이 내려앉아, 돌계단은 순백으로 덮인다. 그 위를 주황 무늬 고양이가 꽃모양 발도장을 찍으며 올라가는 모습은 이 길의 또 다른 풍경이다.

돌계단을 모두 오르면 봄에는 영산홍이 여름에는 장미가 양쪽에서 환영인사를 하며, 통나무집의 따뜻한 현관으로 이끈다.

진입로 오른쪽, 연못정원 입구에서 통나무집 음식점으로 이어지는 길가에는 나무들이 차례차례 길손을 맞는다. 여름부터 가을까지 붉은 꽃을 터뜨리는 배롱나무, 가을이면 붉은 열매를 꽃처럼 매달고 있는 가막살나무가 이어지고, 이른 봄 다홍빛 꽃망울을 터뜨리는 명자나무 덤불이 그 뒤를 따른다. 블루베리는 여름 햇살 속에서 열매를 맺어 아이들의 발길을 붙잡고, 실편백은 사철 푸른 잎으로 그늘을 드리운다. 금식나무와 태산목은 한결같은 녹음을 지키며 통나무집 입구를 지킨다.

통나무집 테라스 앞쪽에는 좁지만 아기자기한 산책로가 펼쳐진다. 이 길은 사계절 내내 꽃과 잎으로 빛깔을 바꾼다. 봄이면 산철쭉이 홍자색 꽃을 피우고, 봄비 속에서도 영산홍이 불꽃처럼 번진다. 곧게 솟아오른 히말라야시다가 가지를 넓게 펼쳐 시원한 녹음을 드리운다. 가을에는 단풍나무와 참빛나무가 붉고 노란빛을 번갈아 내며 길 위를 물들이고, 겨울에는 일본동백과 겹동백, 참동백이 차가운 공기를 뚫고 분홍색, 붉은색 꽃송이를 피운다.

  식당 테라스 앞 정원에 있는 동백나무 한 그루는 완도 출신이다. 아빠의 막내외삼촌 처남이 완도에 사는데, 농원 개장 기념수로 캐다준 것이다. 곡성에서 동백나무가 귀할 때였다. 상록활엽 소교목인 동백나무는 기후가 따뜻한 중부 이남지역에서 자란다. 겨울에 동해를 입으면 꽃을 보기 어렵다. 방죽 옆에 동백숲을 조성할 계획은 시행되지 못했고, 통나무집 두 채 사이와 테라스 앞 정원에 열세 그루의 동백나무를, 연못정원 결혼식 무대 주변에 여덟 그루를 석곡에서 사다 심었다. 그 당시 석곡 주조장 주인이 부자일 뿐 아니라, 나무를 골고루 근사하게 키우는 사람이었다. 유풍정원의 철쭉, 목련, 태산목, 영산홍도 그 집에서 온 나무들이다. 태산목은 따뜻한 남부지방에서 자라는 나무라, 곡성에서 가장 지대가 높은 삼기면 통명산 자락에 있는 우리 정원에서도 가끔 동해를 입는다. 목련과이지만 상록교목으로, 잎사귀가 크고 두텁고 매끈하며, 꽃도 목련보다 두세 배 크고, 향기가 진하다.

  영산홍은 4월에 잎이 돋아나기 전, 붉은 꽃이 가지를 온통 뒤덮으며 흐드러지게 핀다. 아빠가 아끼는 나무라 그 곁에서 자라는 장미를 위해 가끔 가지를 쳐낼 때마다 잔소리를 감수해야 한다. 영산홍꽃이 만개하면 정원이 화염에 휩싸인 듯하고, 통꽃이 우수수 질 때면 정원 바닥이 붉은 꽃비에 젖는다.

음식점과 펜션 사이, 뒤편 보일러실 앞마당에는 태산목과 생강나무, 꽃댕강나무, 동백나무, 섬잣나무가 어우러져 계절의 무대를 바꿔 놓는다. 겨울 끝자락에는 동백이 붉은 꽃송이로 눈 속을 밝히고, 이른 봄이면 생강나무가 잎보다 먼저 노란 꽃을 터뜨려 정원에 알싸한 향을 퍼뜨린다. 여름에는 태산목이 커다란 흰 꽃을 활짝 열어 진한 향기를 흩뿌리고, 꽃댕강나무가 차례차례 꽃을 올리다 첫서리가 내릴 때까지 정원에 향기를 더한다. 사계절이 이어지는 동안, 이 작은 공간은 늘 무언가가 피고 지는 꽃자리다.

펜션 앞 잔디밭에는 3월이면 진달래가 분홍 꽃망울을 터뜨리고, 4월에는 영산홍이 붉은 꽃물결을 일으킨다. 장마철에는 푸른 태산목과 금반향나무가 빗물을 받아내며 짙어지고, 가을에는 단풍나무가 불그레한 빛으로 하늘가를 물들인다. 겨울에도 일본동백과 태산목, 꽝꽝나무와 향나무는 잎을 떨구지 않아 정원의 푸른 결을 지켜낸다.

꽝꽝나무는 옛집 정원에서 자라던 나무다. 가지가 단단하고 수분이 많아 불에 넣으면 '꽝꽝' 소리가 난다고 해서 그렇게 불리기 시작했다. 작은 잎은 풍뎅이 날개처럼 광택이 돌고, 5월이면 녹두알만 한 흰 꽃을 터뜨린다.

펜션 오른쪽 잔디밭에는 둥근향나무 세 그루가 나란히 키를 맞추고, 산비탈 위쪽에는 히말라야시다와 소나무가 줄지어 바람을 막아 준다. 덕분에 펜션은 봄, 여름, 가을, 겨울, 푸른 품 안에 놓여 있다.

유풍농원의 나무들은 뿌리와 하늘을 잇는 줄기처럼, 농원의 시작을 지탱해 온 기둥이다. 줄기는 땅에서 빨아올린 물과 양분을 위로 끌어올리고, 잎에서 만든 에너지를 다시 온몸으로 돌려보낸다. 계절마다 빛과 비와 바람이 고스란히 새겨져 나이테가 된다. 해마다 새순을 틔우며 줄기가 가지로 뻗어나가듯, 유풍농원도 그렇게 성장의 길로 들어섰다.

유풍정원의 돌들

내가 가장 좋아하는 장소는 연못정원에서 통나무집으로 올라가는, 층계가 나지막한 돌계단이다. 모서리가 둥글고 손바닥보다 큰 강돌을 퍼즐처럼 하나씩 맞춰가며, 콘크리트로 틈새를 메워 쌓은 열여덟 개의 돌계단. 그 돌계단과 연못 돌다리, 분수대, 통나무집 두 채의 벽난로 굴뚝은 아빠의 손길로 만들어진 것이다. 33년이 지난 지금, 저마다 다른 강돌 고유의 색상 위로 이끼와 지의류의 색조가 더해지면서 고색창연한 세월의 빛깔이 덧칠해졌다.

유풍정원에는 각양각색의 정원석이 곳곳에 조화롭게 놓여 자연과 닮은 풍경을 완성한다. 아빠는 나무에 버금갈 정도로 돌을 좋아한다. 버섯산행길에 버섯은 한 송이도 못 만나고, 커다란 배낭에 벽돌장 두 개를 합친 것만큼 커다란 수정돌을 주워 담아 두 시간 거리의 산을 내려온 적도 있다. 강낚시를 다녀오는 길에 낚시 가방 안을 물고기 대신 돌로 채워 오기도 한다. 나도 아빠를 닮았는지 바닷가에 가면 조가비를 줍고, 계곡에 가도 물에는 안 들어가고 예쁜 돌멩이를 찾는다. 산길이나 들길을 걷다 발길에 차이는 돌, 밭에서 풀을 뽑다 튀어나온 돌도 유심히 살핀다. 그래서 우리 집 테라스 난간에는 아빠가 주워온 돌들이 늘어서 있고, 화분 둘레에는 내가 주워온 돌멩이가 그득하다.

주차장 비탈에 기대앉은 커다란 바위는 묘처럼 둥근 모양이다. 고속도로 공사할 때 우리 동네 산도랑 물이 흘러 내려가는 굴다리 밑에서 파낸 것이다. 마침 공사장에 대형 트레일러가 있어서 운반하는 품삯만 들여 가져왔다. 주차장가에 자동차만 한 바윗덩이가 버티고 있어서 옮길까 하던 차에, 그 돌을 볼 때마다 욕심내는 조경업자에게 팔기로 했다. 그런데 돈을 주기도 전에 들어내는 작업을 시작해서 화가 난 아빠가 조경업자를 쫓아버렸다.

큰아들이 초등학생이었을 때, 친구들이 놀러오면 꼭 그 바위로 기어올라가 풀쩍풀쩍 뛰어내리며 놀았다. 방죽이 생기기 전, 산도랑가에 있던 밭 가운데에 어른 키 높이의 네모난 바위가 있었는데, 우리 4남매도 그 위에 올라가서 양팔을 벌리고 뛰어내리길 좋아했다. 세 자매가 활짝 웃으며 바위에서 나란히 뛰어내리는 장면이 사진으로 남아 있다. 다칠까봐 벌벌 떨기는커녕 오히려 사진을 찍어준 사람은 엄마다.

소나무밭을 조성하며 아빠가 골라둔 돌들도 정원 곳곳에 자리 잡았다. 암석정원 아래 연못 분수 옆에는 자라 등처럼 생긴 편마암 정원석을 놓았다. 2009년 늦가을 무렵, 아빠가 정원석 위에 서서 연못 위로 늘어진 뚝향나무 가지를 정리하고 있었다. 내가 남편과 두 아들을 데리고 친정집으로 귀향한 지 한 달쯤 되었을 때다. 11월인데 갑자기 진눈깨비가 연못 수면 위로 하얗게 내리는데, 큰아들 건우가 외할아버지에게 가려고 연못에 발을 내딛었다. 아직 외갓집 연못정원 구조에 낯설고, 세 살 때라 진눈깨비가 살짝 덮인 수면과 땅을 구분하지 못한 것이다. 어른 무릎 깊이지만 어린 건우에게는 허리를 넘기는 차가운 연못물에 빠졌다.

두 연못을 연결하는 수로 위에 너럭바위 하나로 된 다리는, 아빠가 광주에서 중고등학교 다닐 때 함께 자취했던 막내외삼촌의 친구에게 부탁해 받아온 것이다. 건설업자인 그 사람 사무실이 도로변에 있었는데, 거기서 그 돌을 보자마자 아빠가 구상한 연못의 딱 그 자리에 맞는 돌이었다.

"그 돌이 꼭 좀 필요한게 주시오."

아빠는 집념이 강해 마음먹은 일, 사고 싶은 땅, 원하는 건 어떻게든 이루어왔다.

통나무집 테라스 앞에 황소가 엎드린 모양의 편마암 정원석이 있는데, 정원 가운데에 주인공처럼 놓여 있는 만큼 사연이 깊다. 축사 앞 소 운동장을 만드느라 터를 다질 때였다. 서투른 굴착기 기사 대신 아빠가 운전대를 잡았다가 언덕이 허물어져 굴착기와 함께 언덕 아래로 굴러 떨어졌다. 중장비 기사가 집에서 점심을 준비하는 엄마에게 뛰어갔다.

"형수, 놀래지 마시오!"

엄마 심장은 벌써 쿵쿵거렸다. 굴착기가 찌그러지지 않아서 다행히도 오른쪽 팔 골절상만 입었다. 허물어진 언덕 아래에서 파낸 바윗덩이가 사람들에게 사랑받는 정원석이 되었다. 송아지만 한 크기라 사람들이 걸터앉아 쉬기에 좋다. 내 아들들이 어렸을 때 아빠 등허리 대신 자주 타고 놀았고, 고양이들 낮잠 침대도 되었다. 지금은 연달래와 상사화, 작약, 백합, 더덕덩굴, 우단동자꽃 들이 기대어 자라는 바람막이가 되었다.

통나무집 두 채 사이에 태산목, 생강나무, 동백나무 아래, 식당 테라스 앞쪽 영산홍 곁에, 펜션 앞쪽 동백나무와 금반향나무, 꽝꽝나무 곁에, 뒤편 히말라야시다 아래 자리잡은 큼직한 정원석들은 모두 아빠가 공사 현장 곳곳에서 나온 돌덩이들을 허투루 보지 않고, 정원 적재적소에 옮겨놓은 것들이다.

통나무집 식당 입구 실편백나무와 태산목을 시작으로 테라스 앞쪽에 꽃댕강나무, 둥근향나무, 일본동백, 산철쭉, 단풍나무, 참빛나무, 히말라야시다, 겹동백, 참동백, 영산홍이 늘어선 좁다란 정원 산책로가 있다. 50여 걸음 되는 그 산책로를 따라 수박 크기부터 배낭 크기를 넘지 않는 기암괴석들이 늘어서 있다. 뒷산 소나무밭에 널린 돌더미에서 아빠가 골라온 것들이다. 움푹 파이고 여기저기 얽고 갈라지고 뭉치고 뾰죽 솟고 모나고 둥글고 넓적하고 흘러내리고! 저마다 개성 있는 서른다섯 개의 정원석들이 다채로운 식물들 사이에서 살아간다. 30여 년이 흐른 지금, 정원수들이 덩치를 키워 가려지고 수십 년 쌓인 낙엽과 흙먼지에 덮이기도 했지만, 이끼와 지의류를 몸에 들여 하나하나 작품이 되었다. 산책로 풀을 뽑다가 정원수 가지치기하다가 불쑥 드러난 정원석 앞에 쪼그려 앉아, 그 자리를 지켜온 돌의 이야기에 한참 귀 기울이게 된다.

유풍농원 정류장

유풍관광농원.

전라남도 곡성군 삼기면 경악리 209-2.

1992년 4월 25일, 개업식이 열렸다. 삼기면 열두 마을 이장들, 경악리 주민들, 곡성군청과 군의회, 경찰서, 농협 직원들까지 200여 명이 다녀갔다. 정원이 막 완성된 지 한 달 남짓이라 아직 울창하진 않지만, 이국적인 통나무집과 잘 정돈된 정원수, 분수와 폭포가 어우러진 산책로는 사람들의 눈길을 끌기에 충분했다. 널찍한 잔디밭이 펼쳐진 연못정원에서 아이들이 뛰어놀았고, 어른들은 정원석과 정원수를 둘러보았다. 사람들의 표정에는 호기심과 즐거움이 가득했다.

아빠는 정원에 이어 음식점 운영에도 힘을 쏟았다. 미국인 목수의 통역으로 함께 일했던 유형수 아저씨가 홍보와 건물 관리를 맡고, 광주에 있던 막내외삼촌이 신문 편집부국장 인맥을 통해 농원을 알렸다. 엄마는 요리사 자격증은 없었지만 주방을 책임지고, 광주에서 한식 요리사를 모셔 함께 음식점을 꾸려나갔다. 농원에서 직접 기른 토종닭과 방죽에서 키운 향어 요리가 메인 메뉴였다. 삼계탕과 닭볶음탕, 닭가슴살과 모래집 육회, 향어회와 매운탕, 섬진강과 보성강에서 잡아온 메기, 쏘가리, 빠가사리 등의 민물고기 매운탕까지 푸짐했다. 주문하면 조리를 시작하는 슬로푸드라 손님들은 연못정원과 농원 곳곳을 산책하며 음식이 나오길 기다렸다. 요리사가 메인 요리를 만드는 동안 엄마는 밭에서 거둔 신선한 채소로 각양각색의 반찬을 만들었다.

실내 식당보다는 테라스나 연못정원의 잔디밭, 소나무쉼터, 공터에 야외테이블을 놓고 경관을 즐기며 식사하는 모습이 자연스러운 풍경이 되었다.

그해 초여름, 광주 사진작가협회에서 누드사진 촬영회를 열었다. 주말 오후 학교 수업을 마치고 집에 돌아오니, 150여 명의 사진작가들이 무거운 카메라 장비를 들고 통나무집 정원과 연못정원 곳곳을 돌아다니며 포토존을 찾고 있었다. 모델 두 명이 포즈를 취하자, 사진작가들은 모델 못지않게 온갖 자세로 앞다투어 셔터를 눌렀다. 셔터 소리가 개개비, 참새, 때까치가 한꺼번에 모여 수다를 떠는 듯 요란했다. 사진작가들 얼굴에는 땀이 줄줄 흘러내렸지만, 눈빛은 렌즈에 꽂혀 있었다. 그날 햇살이 뜨거워 냉장고에 있던 음료수는 순식간에 동났고, 아이스크림 냉동고도 텅 비어 버렸다.

겨울에는 통나무집 펜션이 또 다른 풍경을 만들어냈다. 대학생들이 단체로 MT를 와서 정원을 가득 메웠다. 매서운 겨울바람에도 아랑곳하지 않고 야외테이블 위에서는 삼겹살이 지글지글 구워졌고, 숯불 연기가 하얀 입김과 섞여 공중에 흩날렸다. 통나무집 거실에서는 벽난로에 불이 활활 타올랐다. 주위에 둘러앉은 학생들은 기타를 치고, 노래를 부르며, 밤이 깊도록 이야기를 이어갔다. 창밖에는 연못 위로 겨울별이 총총 빛났고, 집 안에서는 청춘의 열기와 웃음이 벽난로 불꽃처럼 타올랐다.

유풍농원의 밥상은 계절마다 입맛을 돋우는 제철 음식으로 차려졌다. 봄이 오면 뒷산에서 꺾어온 두릅순이 소금물에 살짝 데쳐져 초고추장에 찍히는 순간, 숲의 향기가 입 안 가득 퍼졌다. 취나물은 참기름에 조물조물 무쳐내어 고소한 향을 풍겼고, 머위는 된장과 어울려 나른한 봄의 기운을 달래주었다. 여름에는 밭에서 갓 따낸 고구마순이 연초록빛으로 부드럽게 볶아져 상에 오르고, 송송 썬 부추는 상큼한 겉절이가 되거나 고소한 부침개가 되어 지글지글 팬 위에서 여름 저녁의 소리를 냈다. 꽈리고추는 마늘쫑과 함께 짭조름한 간장양념에 조려져 젓가락을 자꾸 부르고, 오이는 시원한 냉국이 되어 땀을 식혀주었다. 가을이 오면 도라지와 더덕이 제철을 맞았다. 껍질을 벗겨낸 도라지는 매콤달콤한 고추장에 무쳐 아삭한 생채가 되고, 더덕은 두들겨 양념장을 입혀 숯불에 올려지면 매캐한 향과 함께 가을밥상을 향긋하게 채워주었다. 토란은 들깨탕 속에서 포근하게 끓어올라 고소한 땅내음을 풍겼다. 봄볕에 말려두었던 묵나물은 겨울에 불려 볶아내니, 사계절을 품고 한 접시 위에 담겼다. 그렇게 농원의 밥상은 계절이 차려주는 향연이었고, 손님들은 한 숟갈에서 자연의 깊은 맛을 느꼈다.

정원과 음식점은 점점 더 활기를 띠었다. 이듬해 여름에는 통나무집 식당과 테라스 식탁, 야외테이블까지 가득 차, 펜션 거실과 방에도 식탁을 들여놓고 손님을 받았다. 아빠는 음식점 건물 건너편 공터에 대나무평상을 놓고, 파이프로 기둥을 세우고 보온덮개와 비닐을 씌워 지붕을 만든 간이식당을 지었다. 언덕배기에서 시원한 바람이 불어 여름철 별관처럼 사랑받았다.

유풍농원을 찾는 손님들이 많아지자, 농원 앞 버스정류장 이름이 바뀌었다.

'부릿재'에서 '유풍농원'으로.

4장
가지와 잎: 절정과 그늘

72평 기와집 연회장을 짓고

유풍농원은 전성기를 맞았다. 회사 워크숍, MT, 야외결혼식, 회갑연, 동창회, 수련회 등 단체 손님이 200~300명씩 찾아왔다. 아빠는 간이식당으로는 만족을 못했다. 쇠파이프 기둥과 대나무 평상과 비닐 지붕은 유풍농원의 경관에 어울리지 않았다.

1995년, 유풍농원은 전국 최우수 관광농원으로 선정되어 장관상 표창장을 받았다. 농원 환경과 매출을 평가한 결과였다. 아빠는 관광농원 2차 사업으로 융자 1억 원을 더 대출받았다. 그 자금으로 소나무 목재와 기와를 사용해 한옥 연회장을 짓기로 했다. 자연경관에 어울리는 멋진 나무집을 짓고 싶었다. 한옥을 지을 때는 3~4년 전부터 나무를 구해놓고 짓는데, 갑자기 품질 좋은 강원도 육송 목재를 구하기는 어려웠다. 한옥을 짓는 육송은 대부분 강원도 일대에서 나온다. 나무에 수분이 적어져 벌레가 생기지 않는 가을 이후에 벌목한다. 벌목한 소나무를 제재소로 옮겨 수피를 벗겨내고, 건조 과정을 거쳐 보관해둔다. 그리고 집을 짓기 시작할 때 용도에 맞게 치목(治木)을 해서 사용한다. 최소 3년 이상 이런 건조 과정을 거쳐야 뒤틀림이 적다.

밀려오는 단체손님 주문을 물리칠 수 없어, 아빠는 당장 광주에서 제일 큰 풍향목재사에 연락했다. 아빠와 인척 관계인 목재사 사장님이 기둥과 벽 자재로 쓸 더글라스 퍼를 마련했다. 수입목재인 더글라스 퍼는 육송에 비해 좀 더 붉은색을 띠고, 육송은 밝은 노란색을 띤다. 육송보다 옹이나 송진이 덜해 다루기가 쉽고, 비틀림이 덜한 대신 갈라짐은 더 심하다. 물론 국내의 바람과 기온을 견뎌내고 자란 육송이 우리 자연환경에 잘 맞는다.

풍향목재사에도 72평 한옥의 대들보로 쓸 큰 목재가 없어서 수소문하다가, 남원 산림조합 제재소에 가 보았다. 거기에서 대들보와 서까래로 쓸 목재를 구했다. 아빠는 여러 목재의 결과 질감을 꼼꼼히 살피며, 오래 견딜 만한 재목을 고르려 했다. 대들보는 미송밖에 구할 수 없었다. 노란빛이 도는 밝은 색상의 미송은 북미산 소나무 목재다. 물결치는 듯한 곡선의 결이 매력적이다. 길고 단단해 구조용 자재로 적합하지만, 진이 스며나오거나 갈라지기 쉽다. 서까래로 쓸 목재는 겨우 국산 육송으로 구할 수 있었다. 가을에 나무를 모두 구해 남원 제재소에서 규격에 맞게 재단과 손질을 마쳤다. 남원에서 한옥 전문 목수 넷을 부르고, 크레인을 동원했다. 세벌대 판석 기단 위에 주춧돌을 놓고, 스물두 개의 기둥을 세워 아름드리 대들보 일곱 개를 걸었다.

이듬해 봄, 서까래를 지탱하는 마룻도리를 올리며 상량식을 했다. 유풍관광농원을 개업한 지 딱 3년 만이었다.

龍

檀紀 四三二八年 乙亥 四月廿六日 午時上樑

應天三光 降地五德

龜

단기 4328년 4월 26일 오시에 상량.

"하늘의 삼광(해, 달, 별의 빛)에 응하고,

땅의 오행(木, 火, 土, 金, 水)의 덕을 내려 받는다."

  집이 하늘과 땅의 은혜를 두루 받아 번창하고 평안하기를 기원하는 상량문이다. 상량문의 양쪽 끝에는 '용(龍)'자와 '귀(龜)'자를 써서, 물에서 사는 신령한 동물에게 화재를 막아달라고 기원했다.

  상량이 끝나고, 서까래 118개를 짜 맞춰 팔작지붕으로 기와를 올렸다. 전통 토기와는 값이 세 배나 더 나가서, 남원 동창기와에서 한식 시멘트기와를 주문했다. 남원 기와장이 네댓 명이 송판 위에 황토를 깔고, 3만 장이 넘는 기와를 이레 동안 얹었다. 소나무 목재로 마룻바닥을 짜 맞추고, 목재를 보호하기 위해 몇 백만 원어치 들기름을 짜다가 벽과 바닥에 기름먹이기를 했다. 뒷날 아주 요긴하게 쓰일 지하실도 만들었다. 천장에 화려한 샹들리에 일곱 개를 달고, 입구 쪽에 음향 시설을 갖춘 무대를 설치했다. 기와집 전면의 세 번째 네 번째 기둥 사이와 여섯 번째 일곱 번째 기둥 사이에 각각 출입문을 만들고, 나머지 기둥 사이에는 네 쪽 미닫이창문을 냈다. 층고의 반 이상을 차지하는 높고 너른 창이다. 뒷면 여덟 칸에도 모두 창을 내고, 측면부에는 통창 세 개를 나란히 내어 자연풍광을 들였다. 통창으로 언덕배기와 앞산 전망이, 전면 창으로 통나무집 두 채와 연못정원과 그 너머 금계리로 넘어가는 고갯길이 있는 통명산 자락이 시야에 들어오고, 후면에 난 여덟 칸 서른두 쪽 창문으로 파노라마처럼 저 멀리 통명산 꼭대기부터 그 아래 산자락과 골짜기들이 펼쳐졌다.

6개월 만에 길이 24m 폭 10m 건물 2층 높이 규모의 한옥 연회장이 완성되었다. 용마루, 내림마루, 처마마루를 모두 갖춘 팔작지붕의 곡선이 웅장하게 펼쳐졌다. 수평으로 멀리 뻗은 용마루 가운데에 새 조각상 두 마리가 마주보며 서 있고, 길게 내민 겹처마 아래로 짙은 그늘이 졌다. 1억1천만 원 정도의 비용이 들어갔다. 기와집 연회장이 완성되자, 아빠는 그 옆에 유풍농원 농산물 판매장 용도로 작은기와집을 지었다. 2천만 원이 들었다. 아빠가 큰돈을 덜컥덜컥 쓰는 게 겁나서 엄마가 말했다.

"어쩔라고 돈을 그렇게 쓰요?"

아빠는 하고 싶은 일이 있으면 앞뒤 안 재고 시작했다.

"돈은 쓰는 사람이 임자여. 투자한 만큼 가치가 있응게 걱정 마."

큰기와집과 작은기와집이 ㄱ자를 이루며 위풍당당하게 섰다. 기와집 뒤편 장독대를 지나 소나무 쉼터에 올라가 내려다보면, 길 왼쪽으로 통나무집 두 채의 적갈색 지붕이, 오른쪽으로 장독대와 한옥 두 채의 기와집 지붕이 어우러졌다.

주말이면 주차장에는 버스와 자동차들이 꽉 차 있었다. 기와집 연회장 앞 뒤 출입문 두 곳으로 수백 명의 손님들이 수시로 드나들었다. 우리 4남매도 주말에 집에 오면 서빙을 돕고, 설거지를 했다.

아빠는 광주에서 단체손님들을 태워 오기 위해 1억 원짜리 대형버스를 할부로 구입하고, 버스기사를 채용했다. 전용버스를 운행하자 단체 모임과 주류 매출이 부쩍 늘었다.

워크숍과 수련회 활동 프로그램을 위해 운동장이 필요했다. 입면에서 15톤 덤프트럭 40차 분량의 마사토를 사다 붓고, 소금 몇 십 가마니를 섞어 단단하고 먼지가 안 나게 운동장을 다졌다. 운동장 주변으로 메타세쿼이아를 줄줄이 심었다. 아빠가 키운 묘목이었다.

여름 손님이 많아지자, 시원하게 물놀이할 공간이 필요했다. 아빠는 운동장 위쪽, 소나무 쉼터 옆으로 빈터를 다듬어 야외수영장을 파고, 탈의실과 샤워장, 화장실이 딸린 건물을 지었다. 길이 30m, 폭 10m 규모의 수영장을 지하암반수로 채웠다. 여름 햇살 아래 반짝이는 야외수영장은 산과 하늘을 함께 품었다. 수영장 물 위에는 구름이 흘러가며 그림자를 드리우고, 멀리 겹겹이 이어진 산봉우리들은 푸른 물결과 이어져 하나의 풍경화를 그렸다. 바람결에 단풍나무와 배롱나무, 느티나무 잎들이 흔들리며 그늘을 드리웠다. 수영장 주변에 깔린 보도블록과 잔디밭 곳곳에 파라솔 쉼터가 자리했다. 수영장 옆으로 난 길은 산길과 맞닿아 있어, 물에 몸을 담그면 산과 하늘, 나무와 바람이 모두 함께 노니는 듯했다. 물결이 출렁일 때마다 자연의 빛과 소리가 번져, 정원과 산세가 어우러진 작은 호수처럼 보였다.

야외수영장은 곧 여름 손님들의 놀이터가 되었다. 알록달록한 튜브와 고무보트를 탄 아이들이 물 위를 가르며 웃음을 터뜨렸고, 커다란 비치볼은 손에서 손으로 튀며 푸른 하늘을 배경 삼아 날아다녔다. 수영장 끝에서는 아이들이 "하나, 둘, 셋!"을 외치며 물속으로 뛰어들었고, 그때마다 터져 나오는 첨벙 소리와 환호성이 숲 가장자리까지 울려 퍼졌다. 튀어 오른 물방울은 햇살을 받아 반짝이며 작은 무지개를 만들었다. 사람들은 시원한 물빛 여름을 온몸으로 즐겼다.

연못정원 야외결혼식

아빠는 늘 결혼식을 맞는 정원을 먼저 다듬었다. 잔디를 깎고, 향나무와 주목, 꽃댕강나무와 철쭉을 가지치기하며 숨결을 고르게 했다. 손길이 닿을 때마다 연못정원은 제 몸을 곧추세우듯 반짝였다. 하객을 맞이하기 위해 몸단장하는 듯했다. 꽃의 향연 속에서 정원은 하나의 무대가 되었다. 장미가 피기 직전, 5월 초의 연못정원은 철쭉의 절정 속에 들어 있었다. 비탈을 따라 이어진 돌계단 옆으로 분홍, 자주, 다홍, 주홍빛 철쭉꽃들이 겹겹이 흐드러져 늦봄의 정원을 환하게 밝혔다. 작은 꽃송이들이 한데 모여 수놓은 덩어리는 멀리서 보면 꽃구름이 내려앉은 듯했고, 가까이서 바라보면 색실을 꼬아 수놓은 비단 같았다.

둥글게 다듬어진 향나무와 주목 사이사이에도 철쭉이 몸을 틀며 비집고 나와, 초록의 단단한 덩어리와 선명한 대비를 이루었다. 연못을 따라 이어진 수로 위로는 철쭉 꽃잎이 흘러내려, 물결 위에 꽃 그림자를 길게 남겼다. 돌다리 밑으로 비친 붉은 색채는 물속에서도 다시 한 번 피어나는 듯했다.

연못가 너머에는 블루베리꽃이 막 피어나 신부의 베일처럼 눈부셨다. 앙증맞은 종 모양의 흰 꽃송이들이 가지마다 촘촘히 매달려, 바람이 스치면 은은한 종소리라도 울릴 듯 흔들렸다. 철쭉의 불꽃 같은 색채가 정원의 심장을 뛰게 했다면, 블루베리꽃은 그 곁에서 부드러운 크림색 숨결을 불어넣으며 균형을 잡아주었다. 불두화와 가막살나무의 흰 꽃송이들이 신부의 웨딩드레스 자락처럼 바람결에 흔들렸다. 장미는 아직 수줍게 봉오리를 맺고, 머지않아 활짝 터져 나올 순간을 준비하고 있었다. 붉은 꽃봉오리들은 막 사랑을 시작한 신부의 두근거림 같았다.

정원은 봄의 절정을 가장 화려하게 증언하는 예식장이었다.

연못정원의 중심을 가르는 판석길은 결혼식이 열릴 날이면 가장 먼저 시선을 끌었다. 연못 쪽으로 뻗은 그 길 양옆으로 줄지어 선 진청색 선주목이 단정한 선을 그렸다. 곧게 서서 늘 푸르른 그 모습은 마치 신랑 신부를 맞이하기 위해 도열해 있는 의장대 같았다. 바람이 스칠 때마다 선주목의 촘촘한 잎들이 미세하게 흔들리며 은은한 속삭임을 건넸다. 하객들이 앉은 의자 사이, 판석길은 드레스 자락이 스칠 통로이자 축복의 길이었다. 길가 잔디밭 사이로 제비꽃들이 보랏빛, 흰빛 얼굴을 내밀며 손님을 맞이했다. 길 끝에는 연못을 건너는 아치형 돌다리가, 그리고 하트 모양으로 단장된 무대가 기다리고 있었다.

그날의 주인공은 아버지의 6촌 형님이었다. 신랑은 아빠보다 두 살 많았고, 40대 후반의 나이에 늦은 혼례를 올렸다. 젊은 날 금계 마을에서 농사를 지으며 살다가 도시로 일자리를 얻어 떠났지만,

인생의 가장 중요한 날은 결국 고향에서 맞이했다. 친척들과 지인들, 금계마을 사람들이 한자리에 모여 축복을 건넸다.

판석길 입구에 진청색 제복을 입고 결혼식 길잡이처럼 서 있는 스카이로켓향나무 사이에서 잔디밭을 가로질러 판석길을 걸어온 신부가 연못 돌다리 앞에 이르렀다. 신랑이 신부의 아버지로부터 신부의 손을 건네받았다. 둘은 나란히 돌다리를 건너 무대로 향했다.

아빠가 강돌을 하나하나 붙여 만든 아치형 돌다리는, 흰 드레스 자락을 받쳐주는 무대처럼 단단히 자리하고 있었다. 크고 작은 강돌들이 엮인 표면은 매끄럽기도 하고, 오돌토돌하기도 했으며 빛깔도 회색, 청색, 황토색까지 제각각 달랐다. 그 위를 걸으면 물 위로 놓인 작은 세계를 한 걸음 한 걸음 건너는 듯했다. 아치의 곡선은 연못 위로 낮게 신부의 긴 베일처럼 흘러내렸고, 그 아래로 연못의 숨결이 잔잔히 일렁였다. 햇살이 스칠 때는 돌 표면이 수정처럼 반짝이며 물결처럼 살아 움직였고, 그림자가 드리울 때는 묵직하게 세월을 붙들었다. 돌마다 다른 결과 질감은 시간의 흔적처럼 다채로웠다.

신랑과 신부가 다리 위를 걸어갈 때, 강돌 하나하나가 그들의 발걸음을 품어주는 듯했다. 연못은 다리 밑에서 맑은 숨을 쉬며 두 사람의 모습을 거울처럼 비추었다. 신부의 붉은 입술을 닮은 영산홍 꽃이 물결을 따라 흘러와 다리 아래에서 맴돌았다. 그것은 마치 "축하해요." 속삭이며 길을 열어주는 조용한 환호 같았다.

신부가 첫발을 내디디는 순간, 연못은 잔잔히 떨리며 꽃잎을 흔들었다. 햇살을 머금은 강돌들이 은빛으로 반짝이며 신부의 발걸음을 받쳐주었다. 그 길은 단순한 다리가 아니었다. 아빠의 손길과 강돌의 세월이 켜켜이 쌓여 만든 길, 그리고 신랑 신부가 새로운 삶으로 건너가는 성스러운 관문이었다. 다리 한가운데서 신부가 잠시 고개를 들었다. 하얀 드레스를 입은 신부의 모습이 맑은 하늘을 담은 연못에 밝게 비쳤다.

돌다리 끝 결혼식 무대 양옆에는 뚝향나무 두 그루가 현무의 형상으로 서 있었다. 땅을 단단히 움켜쥐고 가지를 수평으로 뻗은 모습은 고요하지만 강인했다. 마치 두 사람의 앞길을 지켜주는 수호신처럼, 돌다리를 사이에 두고 묵묵히 호위하고 있었다.

무대 위, 신랑과 신부가 나란히 섰다. 두 사람의 얼굴에는 쑥스러움과 기쁨이 동시에 어렸다. 하객들의 환호와 박수가 연못 수면에 일렁이며 메아리쳤다. 신부의 드레스 자락은 하트 모양의 무대 바닥을 따라 길게 펼쳐졌고, 신랑의 손은 조심스레 신부의 손을 감쌌다. 연못 위로 흩날린 꽃잎들이 바람결에 두 사람 주위를 돌았다. 주례사의 마지막 말이 울려 퍼지고, 박수 소리가 터져 나왔다. 무대를 둘러싼 동백나무 새잎들도 싱그러운 미소로 두 사람을 축하했다. 신랑 신부는 서로를 사랑의 눈길로 바라보며, 천천히 무대 계단을 내려왔다. 아치형 돌다리를 건너는 순간, 연못은 그들의 발걸음을 비추며 한 쌍의 그림자를 물 위에 겹쳐 놓았다.

두 사람은 철쭉꽃 환호 속에서 걸어 나갔다. 바람은 장미 봉오리를 스치며 새 삶의 문을 열어주듯 속삭였다. 눈부신 5월의 햇살이 그들의 길 위로 쏟아져 내렸다. 선주목이 줄지어 선 판석길은 빛나는 통로가 되었다. 양쪽에 앉아 있던 하객들이 자리에서 일어나 환호와 박수를 보냈다. 누군가는 꽃잎을 공중에 흩뿌렸고, 누군가는 눈시울을 훔쳤다. 웃음과 박수, 카메라 셔터 소리, 그리고 철쭉꽃 사이를 스치는 바람이 한꺼번에 어우러져 합창이 되었다.

유풍농원은 연못정원 야외결혼식의 풍경 속에서 절정기를 맞았다.

몰락

유풍농원 언덕 너머에는 6천 평 매실밭이 있었다. 한때는 봄마다 흰 꽃이 물안개처럼 피어올라 언덕을 덮었지만, 음식점과 펜션 운영에 바빠 몇 년째 방치되었다. 가지는 제멋대로 뻗어 엉켰고, 그 사이로 잡초와 덩굴식물이 우거졌다. 초여름이면 주렁주렁 열린 매실을 수확할 시기였지만, 묵혀버린 나무에는 드문드문 주근깨투성이 열매 몇 개만 매달려 있었다. 뜨거운 여름볕에 잎이 말려 있는 매실나무들은, 버려진 밭의 쓸쓸함을 고스란히 드러냈다.

그런 매실밭에 눈길을 주는 사람들이 있었다. 유풍농원이 널리 알려져 사람들의 발길이 계속 이어지자, 산자락 경사지에 눈썰매장을 만들어 운영해보겠다는 이들이 찾아온 것이다. 아빠는 쓰임을 잃고 묵혀버린 매실밭을 그들에게 임대해주었다.

겨울이 되자, 산자락 눈썰매장은 평일에도 수백 명씩 사람들이 몰려들었다. 당연히 유풍농원 음식점 매출에도 훈풍이 불 줄 알았다. 그러나 예상은 빗나갔다. 눈썰매장 안에 식당과 매점이 들어선 것이다.

유풍농원의 겨울 메뉴는 토종닭볶음탕 35,000원, 멧돼지 숯불구이 1인분 15,000원, 흑염소 숯불구이 12,000원. 값은 제법 나갔지만 좋은 재료와 정성이 담긴 음식이었다. 반면 눈썰매장 식당은 5천 원도 안 되는 비빔밥, 우동, 라면, 떡볶이, 김밥 같은 간단한 분식 메뉴로 손님을 붙잡았다.

유풍농원에 새로 온 주방장이 아이디어를 냈다. 한식, 양식, 중식을 두루 다뤘다는 나이 지긋한 분이었는데, 눈썰매장 손님들의 발길을 붙들기 위해 분식집을 열자는 것이다. 마침 겨울방학을 맞아 도시에서 돌아온 우리 4남매가 직접 분식집 운영을 맡았다. 농산물 판매장으로 쓰던 작은기와집에 석유난로를 놓고, 간이식탁 몇 개와 의자를 들여놓았다. 길가 쪽 창문에는 하얀 종이에 메뉴판을 붙였다. 메뉴는 단출하게 세 가지였다. 뜨끈한 어묵탕, 라면, 그리고 케첩을 구불구불 뿌린 함박스테이크. 함박스테이크는 엄마가 돼지고기를 다져 커다란 동그랑땡 모양으로 빚어 냉동시켜 둔 것을 전자레인지에 데운 뒤, 주먹밥 한 덩이와 함께 내놓았다. 눈썰매장 식당에는 없는 메뉴였고, 가격도 5천 원이라 부담이 적었다. 엄마가 좋은 재료를 아끼지 않고 써서 맛도 좋았다. 추운 겨울 몸을 녹이는 뜨끈한 어묵탕도 어묵 꼬치를 끼워 끓여내기 바쁘게 팔려나갔다. 도시에서 한 달 과외를 해주고 받는 돈을 하루에 벌었다.

하지만 호황은 오래 가지 않았다. 해마다 겨울 강설량이 줄어들었다. 인공눈을 뿌려도 기온이 올라 금세 녹아내렸다. 게다가 썰매 코스는 로프가 길고 경사가 심해 안전사고가 잦았다. 곳곳에 안전요원을 배치해도 구급차가 오가기를 반복했다. 한 집안 세 명이 공동 대표로 운영하는 탓에 내부 분쟁이 끊이지 않는다는 소문도 퍼졌다.

눈썰매장 열기가 조금씩 식어가던 겨울, 식당 손님이 줄어들고 펜션 손님이 많아졌다. 대부분 MT를 온 대학생들이었다. 바람이 세차게 몰아치던 어느 추운 밤, 학생들이 거실 벽난로에 장작을 마구 던져 넣었다. 잠시 후 불길은 제어할 수 없을 만큼 치솟아 천장을 핥듯 번져갔다. 불꽃이 폭죽처럼 터져 오르고, 나무로 된 집 전체가 금방이라도 삼켜질 듯 아찔한 순간이었다. 소방서에 전화할 겨를조차 없었다. 모두가 허둥대며 양동이에 물을 길어 뿌렸다. 불은 다행히 오래가지 않아 꺼졌다.

그러나 벽난로 주위는 이미 검게 변해 있었다. 대리석 테두리는 그을음으로 얼룩졌고, 나무 마감재는 까맣게 타들어갔다. 한순간에 따뜻한 벽난로는 위협적인 화마의 흔적이 되어 버렸다. 나무집인데다 화재보험조차 들어놓지 않은 상황이었다. 불길이 잡히자 놀란 학생들은 허겁지겁 떠나갔고, 아빠도 지친 몸을 눕혀버렸다. 남은 것은 흥건히 고인 물과 불탄 자국뿐이었다. 엄마 혼자 새벽까지 물을 퍼내고 걸레질했다. 적막한 거실에서 꺼져버린 벽난로를 바라보며, 언제 또 닥칠지 모르는 불안과 무게를 고스란히 감당해야 했다.

아빠는 1996년, 대학을 졸업하고 서울에서 조경회사에 다니던 언니에게 관광농원 운영을 도와달라고 손을 내밀었다. 언니는 10개월 만에 회사를 그만두고 고향으로 내려왔다. 식당과 펜션 일을 도맡으며 수익과 지출을 꼼꼼히 계산해보니, 장부상 매출은 꽤 컸지만 남는 돈은 없었다. 수익은 모두 아빠 손으로 들어가 자취 없이 흩어졌다. 연회장, 수영장, 운동장, 펜션까지 겉으로 보기엔 시설은

번듯했고, 주차장에 세워진 대형버스까지 농원의 위세를 드러냈다. 번쩍이는 매출 숫자와 북적이는 손님들로 겉모습은 화려했지만, 실상은 모래성이었다. 겉은 웅장해보여도 파도 한 번에 와르르 무너질 위태로움이 집 안 구석구석에 서려 있었다.

광주에는 당시 소규모 방직공장들이 대부분이었고, 제대로 된 기업이라 할 만한 곳은 기아그룹 계열사 아시아자동차 하나뿐이었다. 그러나 기아 사태 이후 아시아자동차까지 부도를 내자, 협력업체들의 연쇄 도산이 이어졌다. 그전까지만 해도 아시아자동차와 부품공장 직원들은 유풍농원의 단골손님이었다. 워크숍이나 야유회가 잡히면 일주일에 서너 번씩, 유풍농원 대형버스가 광주로 달려가 사람들을 실어 날랐다. 하지만 IMF 사태가 나라 전체를 휩쓸자 유풍농원도 흔들렸다.

"광주에서 난리만 안 났어도, 달달이 장사해서 들어온 돈이 있응게 괜찮았을 것인디……."

아빠는 그렇게 중얼거렸다. 1997년 중반부터 손님들의 발길이 눈에 띄게 줄어들었고, 결국 유풍농원 버스 운전대를 서기사 대신 아빠가 직접 잡았다. 번쩍이던 새 버스였지만, 주차장 안쪽에 벽처럼 세워진 채 서 있는 시간이 점점 많아졌다.

연말이 되자 더 큰 문제가 찾아왔다. 초기 관광농원 사업 대출금 상환기일이 돌아온 것이다. 2년 거치, 3년 상환 조건에 이자는 8%. 게다가 1995년에 추가로 빌린 1억 원에, 기와집 연회장과 야외수영장, 운동장까지 짓느라 5천만 원이 더 들어갔다. 매달 대출금을 갚고 나면, 직원들 월급 500~600만 원과 버스 할부금을 내는 것조차 버거웠다. 남는 돈은 없었다.

경제적으로 여유 있는 친인척에게 빌려 막아보려 했지만 모두 고개를 저었다. 결국 3천만 원을 갚지 못했고, 단 한 번의 연체로 재산 압류가 시작되었다. 군청, 경찰서, 농협, 축협 사람들과 돈독한 관계를 유지하려고 식사 대접을 했지만, 정작 위기 앞에서는 아무도 손을 내밀어주지 않았다.

"단돈 1원도, 보조라는 걸 받아본 적 없응게."

아빠의 말끝에는 쓰디쓴 현실이 묻어 있었다. 아빠는 금융권 대출 한도를 다 채우자, 결국 사채에까지 손을 대기 시작했다. 처음엔 지인과 친척들이 아빠를 믿고 보증을 서주거나 돈을 빌려주었지만, 금세 한계에 부딪혔다. 그 무렵 유풍농원 식당에 물수건을 납품하던 업자가 급할 때 연락하라며 어떤 사람을 소개해주었다. 아빠는 그 말을 믿고 2천만 원을 빌렸는데, 그 순간부터 집안에는 또 다른 그림자가 드리워졌다. 사업 자금으로 땜질하듯 메워진 그 돈은 곧 더 큰 무게가 되어 우리 가족의 어깨 위에 얹히고 있었다.

경매

1998년 가을, 마침내 유풍농원의 첫 경매가 시작되었다. 최초 경매가 13억 원. 그러나 IMF 한파 속에서 입찰장은 적막했다. 아무도 응찰하지 않았다. 한 번 유찰될 때마다 경매가는 떨어졌다. 첫 유찰 후엔 20%, 그 뒤로는 10%씩. 그렇게 매달 이어지는 경매가, 매달 이어지는 좌절이 반복되었다. 두 해가 흐르는 동안 가격은 끝내 4억5천만 원까지 곤두박질쳤다.

그 사이 두 번이나 농원이 남의 손에 넘어갈 뻔한 순간이 있었다. 한 번은 법원의 단순한 실수 때문이었다. 관광농원은 농지 취득 자격을 갖춘 자만 응찰할 수 있는데, 법원이 지방지 공고문에 그 단서를 누락시킨 것이다. 낙찰이 확정될 뻔했지만 아빠는 물러서지 않았다.

"나몰라라하고 냅뒀으면 넘어가부렀제. 물고 늘어지고 지킬라고 애를 썼응게 살아남았지."

아빠는 발품을 팔아 전문가를 찾아다니고, 판사였던 지인의 도움까지 받아가며 끝내 법원의 잘못을 밝혀냈다. 낙찰은 취소되고 재경매가 시작되었다.

유찰이 거듭되며 경매가가 떨어지자, 이제는 입찰장에 사람들이 몰려들기 시작했다. 눈썰매장 운영자 김사장도, 약초농장을 꿈꾸는 건강식품회사도 뛰어들었다. 같은 날, 아빠의 간곡한 부탁을 받은 막내이모부가 조카 되는 유목사를 보냈다. 유풍농원이 남의 손으로 넘어가는 것만은 꼭 막고 싶다는 아빠의 부탁을 받고, 경제적으로 여유가 있는 막내이모부가 도와주기로 한 것이다.

그날 입찰장 앞, 두 일행은 마주쳤다. 김사장 일행과 유목사 일행 사이에는 뜻밖에도 교회 인연이 있었다. 스스럼없이 오간 대화 속에서 응찰가 정보가 흘러나왔다. 입찰장에서 서로가 같은 물건을 두고 경쟁하러 왔음을 알게 되자, 김사장 측은 유목사 측을 '사전 정보 수집'이라며 문제 삼았다. 결국 유목사 일행은 입찰장에서 쫓겨났다.

김사장은 4억 5천만 원을 써냈으나, 건강식품회사가 5억 원을 써내며 낙찰 받았다. 아빠는 청춘을 다 바쳐 일군 유풍농원을 포기할 수 없어 다시 입찰자 자격 요건을 따져보았다. 관광농원 경매에 참여하려면, 농업법인 회사이거나 영농인이어야 가능했다. 약초농장을 만들겠다던 건강식품회사는 응찰 자격이 안 된다는 사실이 밝혀졌다. 결국 낙찰가 10%인 선입금액 5천만 원을 몰수당하고, 유풍농원 경매는 또 유찰되었다.

2001년 1월, 유난히 눈이 많이 내린 날이었다. 경매가 시작된 지 3년째, 이제는 마지막 기회였다. 아빠는 또다시 막내이모부에게 손을 내밀었다. 이번에는 장성에 사는 이모부의 조카가 입찰자로 나서기로 했다.

그러나 입찰시간이 다가와도 조카는 법원에 나타나지 않았다. 눈길을 달리던 차가 미끄러져 갓길의 웅덩이에 바퀴가 빠져버린 것이다. 연락을 받자 서둘러 사정을 물었지만, 돌아온 대답은 더 가혹했다. 개신교 신자인 그 조카가 말했다.

"이건 하느님이 응찰하지 말라고 주신 경고 같습니다."

그 순간, 아빠의 가슴은 철렁 내려앉았다. 모든 것이 무너지는 듯했다. 그러나 물러설 수는 없었다. 마지막 기회, 이 순간마저 놓치면 유풍농원은 영영 남의 손에 넘어갈 것 같았다. 아빠는 필사적으로 설득했다.

"이번 한 번만, 제발 도와주소. 제시간에 도착하기만 하면 꼭 될 거랑게."

간신히 마음을 돌린 조카가 문이 닫히기 직전 입찰장에 들어섰다. 사람들은 이미 빽빽하게 들어차 있었고, 분위기는 팽팽한 긴장으로 얼어붙었다. 아빠는 가장 안전하다고 판단한 금액, 5억5천만 원을 써냈다. 심장이 멎을 듯한 순간이 이어진 뒤, 드디어 결과가 발표되었다. 천만다행으로 최고가였다. 3년을 끌어온 경매 전쟁 끝에, 유풍농원은 가까스로 지켜졌다.

승리의 기쁨은 오래가지 못했다.
기와집 연회장의 음향기기와 영상 장비, 수십 개의 식탁과 의자에 붉은 압류 딱지가 붙었다. 창고의 농기계와 집안의 살림살이까지 모조리 실려 나갔다. 유풍농원은 겨우 살아남았으나, 그 내부는 텅 비었다.
경매를 질질 끄는 동안 농협 융자금은 두 배 넘게 불어났다. 1차 채권은행인 농협 융자금을 변제하고 나니 남는 게 없었다. 다른 은행 채무는 손실 처리로 정리되었지만, 옥과신협이 부도로 쓰러지면서 채권이 신용보증재단으로 넘어갔다. 빚은 끝내 뿌리를 뻗어 집안을 옭아맸다.

정원도 서서히 제빛을 잃어갔다. 침묵 속에서 잡초만이 목소리를 냈다. 꽃댕강나무는 광인의 흐트러진 머리카락처럼 사방팔방으로 웃자랐고, 철쭉은 덩굴식물로 뒤덮여 꽃을 피우지 못했다. 잔디밭은 풍년초, 뽀리뱅이, 씀바귀의 천지가 되었고, 잡초가 무성하게 자라 돌계단과 산책길을 삼켰다. 한때 손님들로 붐비던 연못 돌다리

입구도 풀숲으로 막혀가고, 연못은 나무 그늘 아래 숨었다. 제멋대로 자란 덩굴이 통나무집 테라스 난간을 휘감았고, 정원의 나무들은 지붕을 덮기 시작했다. 숙박객은 "귀곡산장 같다."며 발길을 돌렸다.

아빠는 회복할 수 있을 거라고 믿었다. 경기가 나아지면 농원을 제값에 매매해 막내이모부에게 진 빚을 값고도 우리 가족이 먹고살 정도의 돈이 남으리라 믿고 필사적으로 지켜낸 것이었다. 땅과 건물은 다른 사람 명의로 넘어갔지만, 엄마 이름으로 음식점과 숙박업을 이어가며 여기저기 빚진 돈을 갚아 나갔다.

집안의 시련은 끝나지 않았다. 경매 이전에 손댔던 사채가, 시간이 흐르며 우리를 옭아매기 시작한 것이다. 아빠가 빌린 2천만 원은 이자까지 합쳐 원금의 다섯 배로 불어났다. 그때부터 온 가족은 끝없는 독촉과 협박에 시달렸다.

사채업자는 광주 유흥가를 돌며 일수를 굴리던 악명 높은 인물이었고, 폭력배들과 엮여 있었다. 경찰에 신고해도 소용없었다. 그는 아빠의 자동차를 빼앗아 자기 마음대로 타고 다니며 범칙금 고지서를 우리 집 앞으로 날려 보냈다. 사고를 내고는 차를 아무 데나 버려두었는데, 몇 년 뒤 녹슨 잔해로 발견되었다. 식당과 펜션에서 나온 매출은 고스란히 그의 손에 들어갔다. 아빠는 협박에 끌려 다니며 번 돈을 바칠 수밖에 없었다. 날마다 들이닥치는 빚 독촉 앞에서 그 누구도 대책을 세울 수 없었다.

아빠 곁에는 엄마밖에 없었고, 할머니는 아직 고등학생인 남동생 뒷바라지를 해주고 있었다. 남동생은 고등학교 수업료를 제때 내지 못해 교무실에 불려 다녔다. 나와 여동생은 휴학해서 등록금과 생활비를 벌어 겨우 대학을 마쳐야 했다. 언니는 유풍농원 사업을 돕다가 다시 조경회사로 돌아갔지만, 월급이 나올 때마다 아빠의 요청을 외면하지 못했다. 대학생이던 나와 여동생은 보증인으로 이름이 올라갔고, 졸업 후 출판사에 취직했을 때는 검은 차를 탄 사채업자와 폭력배들이 회사 앞까지 찾아왔다. 결혼 후에도 그들은 돈을 요구하며 따라붙었다. 남편은 결국 전세 보증금을 빼서 빚을 갚아야 했고, 우리는 월세살이가 되었다. 아빠가 가끔 돈을 보내주긴 했지만, 집안 형편은 늘 막막해 그마저도 이어지지 못했다. 작은 출판사에서 받는 월급은 박봉이었고, 남편의 드럼학원도 운영 초창기라 수강생이 많지 않아 버거웠다. 여동생 역시 졸업 후에 작은 의류회사에 다니며, 대출받아 아빠 빚을 메우느라 늘 허덕였다. 결국 아빠의 빚은 딸들까지 빚쟁이로 만들었고, 우리는 스스로 또 다른 독촉을 감당해야 했다. 경매가 끝난 뒤에도, 유풍농원의 상처는 오랫동안 가족의 삶을 갉아먹으며 이어졌다.

텅 빈 기와집 연회장은 여름 수련회장으로 쓰였다. 손님 대부분은 교회나 성당에서 온 단골이었다. 아빠의 막내외숙모가 천주교 신자라 성당 수녀님들과 인연이 있었고, 그 덕분에 유풍농원은 여름성경학교나 수련회 같은 종교 행사의 최적지가 되었다. 해마다 여름이면 크고 작은 행사로 사람들이 다녀갔다.

아빠는 그런 손님들을 위해 다시 정원 손질을 시작했다. 잡초에 덮이고 방치되던 연못 둘레와 나무 밑동을 가꾸며, 한때의 빛을 되찾아보려 애썼다. 그러나 그 노력은 이미 한계에 다다른 상황에서 버티기 위한 몸부림에 가까웠다.

식당에서 번 돈으로 그날그날의 끼니를 잇는 게 전부였다. 음식점과 펜션 손님도 점점 뜸해지자, 부모님은 다시 밭을 일구어 농사를 지어보려 했다. 고추, 무, 배추, 참깨, 들깨, 콩, 마늘……. 땅은 넉넉했지만, 사채빚을 갚느라 퇴비 한 포대 살 돈조차 말라 있었다. 거름을 받지 못한 밭은 땅심이 없어, 씨앗을 뿌리고 작물을 심어도 제대로 자라지 못했다. 농작물 수확은 늘 형편없었고, 유풍농원은 회복은커녕 더 깊은 궁핍 속으로 가라앉아 갔다.

한때 북적이던 눈썰매장은 다섯 해 만에 문을 닫았다. 겨울에는 유풍농원 식당과 펜션도 문을 닫아야 할 정도로 손님이 없었다. 전기세가 석 달이나 밀려 단전이 되고, 보일러실 기름통이 비어 난방을 못할 때도 많았다. 기름값을 감당하기 어려워 화목보일러를 들여놓았지만, 땔나무를 살 돈이 없었다. 집 주변의 잡목을 베어 1975년산 경운기—너무 낡아서 압류딱지를 붙이지 않아 살아남은 농기계—에 실어왔다. 겨울에 가끔 펜션에 손님이 묵을 때면, 화목보일러 성능이 좋지 않아 방이 춥다고 불만을 터뜨렸다.

자연재해까지 겹쳐 유풍농원은 더 피폐해져 갔다. 2003년 9월 초 괴물 태풍이라고 불리는 매미가 우리나라를 강타했다. 4조2천억 원의 재산 피해를 낸 강력한 태풍에 유풍농원도 피해를 입었다. 한옥 연회장의 기왓장 3분의 1이 날아가 버렸고, 키위나무와 대추나무가 뽑혀 나가고 지지대 시설이 쓰러져 과수원이 망가졌다. 그런 상황에도 아빠는 연회장 기와를 엄마와 둘이서 얹고, 장비를 불러 망가진 과수원을 정리했다.

경매 이후 10년을, 아빠는 엄마와 단둘이 그렇게 유풍농원의 이름을 지키며 버텼다. 그 사이에 유풍농원 간판 앞에 농어촌버스 승강장 표지판은 떨어져 나가고, 기둥만 덩그러니 서 있었다. 누구 하나 눈길 주는 이 없었다.

귀향

2009년 가을, 나는 남편과 세 살배기 큰아들, 이제 막 백일 된 둘째아이와 함께 귀향했다. 전세자금으로 친정집 사채빚을 갚은 뒤, 생활비에 보태려고 결혼반지와 아이들 돌반지까지 금방에 가져갔다. 집세와 드럼학원 월세를 감당하며 두 아이를 키우기엔 서울살이가 너무 벅찼다. 결국 남편은 드럼학원을 정리하며, "시골로 내려가 농사를 짓고 싶다. 음악은 주말에만 취미로 하겠다."고 했다. 고등학교 때부터 줄곧 도시에서 살아온 나는 시골살이를 한 번도 상상해본 적이 없었지만, 다른 선택지는 없었다.

통나무집 식당 뒤편, 여동생과 남동생이 중학생 때까지 쓰던 작은 방에 짐을 풀었다. 부모님은 그 무렵까지도 식당과 펜션을 운영하고 있었지만, 아빠가 진 빚 때문에 엄마도 신용불량자가 되어 대표직을 이어가지 못했다. 어쩔 수 없이 남편이 대신 이름을 올렸다. 경기가 서서히 살아나고 인터넷 홍보를 시작하면서 여름이면 손님이 늘었다. 펜션이 숙박객으로 차면 식당 건물의 큰 홀과 벽난로 거실에도 침구를 들여 단체방을 만들어 손님을 받았다. 도토리묵, 골뱅이무침, 김치전, 해물파전 같은 가벼운 안주를 보탠 메뉴판도 새로 만들었다. 계절과 상관없이 주말 숙박 손님도 조금씩 늘어갔다.

2011년에는 대학을 자퇴하고 경기도에서 무역회사를 다니던 남동생이 아빠의 끈질긴 권유 끝에 귀향했다. 마침 곡성군 농어촌공사에서 청년농부 특별지원책을 내놓았다. 최저 금리 2%에 30년 장기 상환 조건으로 5억 원 이내 농지 구입 자금을 빌려주는 제도였다. 아빠는 나무를 키우던 농어촌공사 직원과 인연이 있었고, 그 소식을 듣자 남동생을 설득했다. 남동생은 4억 원을 대출받았다. 막내이모부 도움으로 2001년 유풍농원을 낙찰 받았을 때, 취득세까지 합쳐 6억 원이 들었다. 게다가 눈썰매장 김사장이 폐업하고 나가면서 시설 투자 권리금 수억 원을 요구했을 때도 도움을 줬다. 땅을 이전 상태로 원상 복구시켜 놓으라고 맞불을 놓아 8천만 원으로 겨우 몰아낼 수 있었다. 경매로부터 10년이 다 지난 뒤에도 막내이모부는 4억 원만 받고 남동생에게 명의를 넘겨주었다. 직계가족도 하기 어려운 일을, 두 번이나 우리 가족을 위해 힘써준 것이다.

아빠는 외아들이라 엄마와 결혼한 뒤 외가 식구들과 자주 어울렸다. 우리가 어릴 적부터 여름이면 강원도 외삼촌과 큰이모, 공주 작은이모, 곡성 우리 집, 서울 막내이모 집에서 해마다 돌아가며 모임을 했다. 호탕하고 정이 많은 막내이모부는 아빠를 믿고 좋아했다. 세무사 시험에 합격해 마포에 사무실을 열었을 때 우리가 찾아가 축하했던 기억도 있다. 바쁜 엄마 대신 내가 대학 입시와 졸업식, 첫아이 출산을 치를 때 챙겨준 것도 막내이모였다.

남동생은 귀향하기 전, 경기도 죽전에서 할머니와 함께 살고 있었다. 숙박 손님을 받을 방이 부족해 남동생에게 따로 방을 내줄 수 없어서 고향집에서도 할머니와 한방을 썼다. 하지만 남동생이 내려온 무렵부터 곡성에도 펜션이 여기저기 생겨났다. 지은 지 20년이 다 되어가는 통나무집 펜션은 오일스테인 한 번 칠하지 못한 채, 비바람과 햇빛, 좀벌레에 낡아가고 있었다. 여름은 갈수록 덥고 습해지는데, 방마다 에어컨을 들여놓을 수 없어서 장마기간이 되면 목재로 된 벽과 화장실 내부에 곰팡이가 생겼다. 방문이나 벽도 조금씩 갈라지고 뒤틀리는 곳이 생겼다. 태풍이 불어 지붕 타일까지 떨어져 날아다녔다. 야외수영장 콘크리트 바닥과 벽도 갈라지고 부스러져 연파랑 도료를 새로 칠해도 금세 칙칙해졌다. 전체적인 리모델링을 하려면 수천만 원이 들 텐데 더 이상 빚을 질 수도 없었다. 남동생이 고향집에 내려왔을 때 전에 살던 작은 아파트 전세금을 가지고 있었다. 그 돈은 아빠의 제안으로 소나무, 반송, 이팝나무, 산수유 등의 조경수 묘목을 사서 심느라 야금야금 사라졌다.

식당도 펜션도 점점 손님이 뜸해지자, 아빠는 넓은 땅에 친환경 농사를 지어 수익을 내보자고 남동생에게 제안했다. 남동생은 농사일에 필요한 트럭을 중고로 구입했다. 추수가 끝나고 햅쌀이 날 때, 온가족이 곡성군 친환경 도정공장으로 갔다. 무농약 쌀겨 1.5톤을 받아 농업기술센터로 싣고 갔다. 곡성군에서 유기농법을 지원해주고 있어서 쌀겨만 가져가면 농업미생물 배양실을 사용해 한방영양제, 천혜녹즙, 지역토착미생물 등을 섞어 유용미생물을 만들 수 있었다. 가을에 농업기술센터에서 만들어온 토착미생물을 발효시켜

봄에 퇴비와 함께 밭에 뿌리면, 흙속에 유용미생물이 많이 생겨 좋은 먹거리를 키워준다.

첫 작물은 고추였다. 그러나 퇴비를 너무 많이 뿌린 데다 물이 잘 빠지지 않는 황토밭이라, 장맛비로 밭고랑에 물이 고였다. 비바람에 주렁주렁 풋고추가 달린 고추나무가 쓰러지고 가지가 부러졌다. 새벽부터 풋고추 수십 상자를 따서 남동생이 트럭에 싣고 광주 농산물공판장에 가져갔다. 그러나 상자값과 수수료, 운송비를 빼고 나니 남는 게 별로 없었다. 여름부터 가을까지 홍고추를 따느라 바쁠 시기에도 농약을 하지 않아, 탄저병이 휩쓴 고추밭에는 검게 타 들어가는 고추가 그득했다. 그해 고추농사로 수익은 올리지 못하고 우리 가족 김장 때 쓸 고추만 겨우 땄다.

고추는 농약으로 키우는 작물이라는 걸 힘들게 체감하고, 두 번째는 뿌리 작물인 울금을 심었다. 울금은 진도에서 특용작물로 많이 기르는 건강식품이었다. 쓴맛이 강해 건조시켜 가루나 환약을 만들어 섭취하고, 효소로 만들어 음료로 마시기도 한다. 울금은 열대식물이라 서리가 오기 전에 뿌리를 캐지 않으면 얼어버린다. 우리 집은 땅이 넓어 울금만 심은 게 아니라, 땅콩, 고구마, 콩, 들깨, 배추, 무 등 가을걷이 해야 할 농작물들이 줄 서 있었다. 밭일에 치여 제때 못 캐서 얼려버린 적도 있었다. 2월부터 밭갈이해서 10월 수확할 때까지 9개월을 공들여 제때 캐도 공판장 가격이 하락하면 고생한 만큼 수익이 나지 않았다.

마을 이장님이 토란을 심어보라고 권했다. 곡성 토란은 맛과 품질이 좋아 전국적으로 유명했다. 2013년 1,400평 밭에 처음으로 토란을 심었다. 이때부터 8년 동안 유풍농원의 주력 농작물이 되었다. 친환경 재배를 하느라 풀을 뽑는 일이 가장 큰일이었다. 토란이 자라는 동안 서너 번은 풀과의 전쟁을 벌였다. 호미, 괭이, 곡괭이, 낫, 전지가위까지 챙겨 들고 온가족이 나서도 이쪽 밭을 매고 나면 저쪽 밭이 무성해지고, 명아주를 뽑고 나면, 바랭이가 뒤덮었다. 토란탕이 추석 음식이라 많은 농가들이 토란 가격이 좋은 8월말부터 수확을 시작한다. 우리 집은 일에 쫓겨 파종부터 늦은데다가 경사진 밭이라 물이 부족하고, 비료도 하지 않으니 성장이 늦어졌다. 그래도 10월 중순에 제대로 여물어 캐면 구수한 맛이 더해서 고객들 반응이 좋았다. 토란대를 베어내 뜰에 쌓아놓으면, 할머니가 껍질을 벗겨 볕에 말려 시장에 내다 팔았다.

수박만 한 토란덩이를 땅에서 캐내 보면, 모(母)토란을 중심으로 크고 작고 둥글고 갸름한 자구(子球), 손구(孫球)가 옹기종기 붙어 있다. 4대가 한 집에 모여 살아가는 우리 가족 같다.

서리 오기 전에 토란을 거둬야 해서 어둑해질 때까지 온가족이 함께 일했다. 허리 펼 틈도 없이 캐고, 다듬고, 분류하고, 담고, 들였다. 할머니가 해준 계란물 올린 파전, 토란호떡에 막걸리 한잔 들이키고 나면 그래도 일할 맛이 났다.

토란 캐는 시기가 늦어져 서리가 내리면, 토란이 냉해를 입지 않도록 실내로 들여놓고 손질했다. 텅 빈 기와집 연회장은 그때부터 농업용 창고가 되었다. 작은기와집도 농기구 창고로 쓰였다. 기와집 연회장의 드넓은 바닥에 포장을 깔고, 토란덩이를 산더미처럼 부어놓으면, 할머니, 부모님, 남동생까지 둘러앉아 판매용 알토란을 떼어내는 작업을 했다. 남동생은 상자 포장된 토란을 농산물 공판장으로 가져가고, 나는 블로그나 인터넷 카페에 홍보 글을 올려 직거래로 판매했다. 종자용은 덩이째 기와집 연회장 지하실에 저장했다. 그전까지는 담금주와 효소를 발효시키는 장소였는데, 본격적으로 농사를 지으면서 겨우내 농산물을 보관하는 최적의 장소가 되었다. 지하실이 넓어서 무, 배추, 울금, 토란을 다 저장해도 작업 공간이 남았다.

지하실에서 모(母)토란에 붙어서 가족과 함께 따듯하게 겨울을 지낸 토란들은, 3월이 되면 하얀 움이 트기 시작한다. 4월, 파종할 시기가 되면 건강한 종구(種球)가 되어 땅속에 자기만의 방을 가지고 새로운 대가족을 만들어낸다.

블로그에 유풍농원 무농약 토란을 재배하고 수확하는 과정, 토란밭 풍경, 토란 요리법 등을 포스팅한 글이 60개 정도 되자, 방송국에서 연락이 왔다. 토란이 건강식품으로 관심 받는 시기였다. 전국 토란 생산량의 70%를 차지하는 곡성 토란은 2019년에 제108호 지리적 표시 농산물로 등록되었다. 유풍농원 토란은 2019년 가을, EBS 한국기행—도시락 기행 2부 「그렇게 농부가 된다」라는 프로그램에 소개되었다.

도라지 산행

2015년 남편이 서울에 직장을 구해 친가로 들어갔다. 나와 아이들은 곡성에 남았기에, 남편은 2주에 한 번씩 곡성 집으로 내려왔다. 유풍농원 식당과 숙박업은 개업 14년 만에 문을 닫았다. 펜션 건물은 2015년 여름부터 이듬해 여름까지 곡성에 유리온실을 짓는 회사에서 임대해 사용한 후에는 줄곧 가족들의 보금자리가 되었다.

서울에서 옷가게를 하던 여동생이 가게를 정리하고 고향집으로 돌아와 공무원 시험을 준비했다. 여동생은 펜션 건물 206호인 뒷방을, 남동생도 할머니방에서 나와 펜션 건물 맨 끝방인 207호를 사용했다. 나도 아이들 방 건너편으로 보이는 204호에 서재 겸 내 방을 꾸몄다.

식당과 숙박업을 정리하자, 아빠는 남동생을 믿고 본격적으로 농사를 시작했다. 친환경농법으로 5천 평 밭에 고추, 도라지, 토란, 감자, 고구마, 마늘, 울금, 참깨, 들깨, 배추, 옥수수 등의 농작물을 심었다. 생명을 돌보는 일이었지만, 생계를 유지하긴 어려웠다.

정작 우리 가족의 생계를 지탱해준 건, 산에서 캐온 도라지였다. 봄에 두릅과 고사리가 날 때 아빠가 나들이 삼아 가족 산행을 하자고 했다. 천태암이 있는 목사동 아미산 골짜기에서 캐온 산도라지를 자랑삼아 인터넷 산행카페에 올렸더니, 사고 싶다는 사람들이 많았다. 그 뒤로 아빠는 농사일이 없는 날은 산에 가자고 했다. 우리 가족은 어렸을 때부터 아빠랑 산에 다니는 일을 좋아했다. 대학 때 등산 수업을 신청해 주말마다 수락산, 도봉산, 북한산 등지를 다닐 정도로 등산을 좋아했다. 남동생은 산을 잘 탔다. 엄마는 버섯, 약초, 밤 등의 산행물이 많을수록 신이 났다. 산행은 한 철 일이 아니었다. 눈 오는 겨울부터 소나기 쏟는 여름까지, 농사일을 할 수 없는 날이라면 언제라도 산에 올랐다.

아빠는 늘 앞장섰지만, 가끔 내려가는 길에 갈피를 잡지 못할 때도 있었다. 남동생은 스마트폰 GPS를 사용해 처음 오르는 산도 동네 앞처럼 종횡무진 누비며 다녔다. 엄마와 나는 늘 뒤쳐졌다. 깊은 산속에서는 전화가 터지지 않아서 고함을 쳐서 서로에게 위치를 알려야 했다.

경사가 심한 바위틈, 노송 뿌리 아래, 햇살 한 줄기 드는 양지바른 바위벽 옆. 거기서 수십 년을 버티며 자란 도라지는 뿌리가 뱀처럼 똬리를 틀고, 뇌두엔 굵은 주름이 겹겹이 새겨졌다. 남동생은 잔뿌리를 살리기 위해 괭이 대신 손끝으로 흙을 풀어냈다. 도라지를 한 뿌리 캐는 데 몇 시간을 쓰기도 했다. 뿌리가 바위틈을 따라 1미터 이상 뻗은 경우도 있었다. 땅이 너무 단단해서, 결국 절반은 남기고 내려올 때도 많았다.

겨울이면 도라지 채취는 더 극적이었다. 산행길을 나섰는데, 예보에 없던 눈이 펑펑 내리기 시작했다. 발이 푹푹 빠지는 산길, 하얗게 뒤덮인 나뭇가지와 바위 위로 차분히 쌓여가는 눈. 경사는 가팔랐고 바위는 미끄러웠다. 잠시 걱정스러웠지만, 눈 위에 길게 누운 도라지 싹대를 발견하는 순간, 모든 피로가 씻겨 내려갔다. 척박한 환경이라 그런지 도라지 줄기는 가느다랗지만, 뿌리는 제법 나이배기였다. 가시넝쿨에 팔이 긁히고 노송 침엽에 손등이 찔렸다. 이따금 찬바람에 맨얼굴이 얼얼했지만, 함께 오르던 산속은 그 자체로 고요한 위로였다. 점심때가 되면, 낙엽 덮인 바위 위에 배낭을 내려놓고 도시락을 꺼냈다. 무게와 부피를 줄이기 위해 비닐에 담아 썰렁하게 식은 점심 도시락을 앉은 자리에서 꺾어 만든 나무젓가락으로 먹을 때, 전망 좋은 등성이에 앉아 쉬면서 보온병에 담아 간 커피의 온기를 나눌 때면 가족과 함께여서 소풍 온 것처럼 즐거웠다.

산행을 마치고 내려오면, 팔엔 긁힌 자국이 가득하고, 발목이나 목덜미엔 진드기에 물린 흔적이 남았다. 그런데도 우리 가족은 밭일보다 산행에서 더 행복을 느꼈다.

인터넷 산야초 카페에 산도라지를 올리면 주문이 들어왔다. 아빠와 남동생은 성격이 차분하고 꼼꼼해서 도라지의 잔뿌리까지 모두 살려 캤기 때문에 산도라지 담금주 마니아들이 열광했다. 한 뿌리 가격이 십 수만 원을 넘겨도 서로 사려고 했다. 산꼭대기에서 캔 100g대 장생도라지는 한 뿌리에 몇 십만 원씩 나갔다. 손에 쥔 산도라지 한 뿌리는 매번 자연이 내어준 귀한 선물처럼 느껴졌다. 그 시절 우리는 매일 자연에 감사하며 산에 다녔다. 고된 산행이었지만, 수익을 올리고 무엇보다 가족과 함께여서 즐거운 일이었다. 도라지 하나가 땅속에 펼쳐놓은 수십 개의 잔뿌리처럼, 우리도 그렇게 서로를 잇고 있었다.

아빠는 산도라지 몇 뿌리는 꼭 가족들 몫으로 남겼다. 좋은 뿌리는 약술을 담그고, 잔뿌리가 떨어져 나간 건 꿀절임이나 백숙에 넣었다. 산도라지 꿀절임을 만들 때면, 손끝에 묻은 진액이 쓰면서도 깊은 향을 품었다. 그 진액을 손가락 끝으로 찍어 둘째 아들 입에 넣어주면, "아, 써!" 하면서도 쓰디쓴 산도라지 절편 하나를 집어갔다. 산도라지를 말려두었다가 토종닭백숙에 넣기도 했다. 여름이면 엄마가 집에서 기른 토종닭 한 마리를 잡아 손질했다. 삽주, 잔대,

마늘 한 줌, 대추, 녹두, 그리고 장생도라지를 통째로 넣고 압력솥에 푹 삶았다. 국물이 우러나는 동안 주방엔 구수하고 깊은 향이 퍼졌다. 전골냄비에 옮겨 대파와 부추를 쫑쫑 썰어 넣고 천일염으로 간하면, 여름철 기운을 북돋는 산도라지백숙이 완성되었다. 가족이 모여 둘러앉아 땀을 닦으며 닭고기를 건져 먹고, 국물에 찹쌀을 넣어 죽을 끓이면 가족들은 또 한 그릇을 말끔히 비웠다. 장생도라지의 속살은 노랗고 단단하며, 오래될수록 더 쓰지만 쌉쌀한 맛이 오히려 몸을 일깨운다. 입 안 가득 퍼지는 약성은 땀과 함께 쌓인 피로를 씻어주었다.

"이 맛에 산을 오르지."

아빠의 한마디에 모두 공감했다. 그렇게 산이 준 귀한 뿌리는, 넓은 땅을 친환경농법으로 일구며 사는 우리 가족의 여름을 지탱해주는 보약이었다.

5장
꽃과 열매: 두 번째 계절, 다시 피어나는 정원

다시, 나무로

아빠는 힘들어도 친환경농법을 고집한다. 농작물도 건강식품으로 많이 찾는 울금, 토란, 도라지, 더덕 농사에 신경을 많이 썼다. 도라지와 더덕밭을 만들기 위해 마사토를 사다가 밭을 새로 일구었다. 토착미생물을 활성화시키려고 공장에서 나온 퇴비와 비료 대신 쌀겨로 만든 유용미생물 퇴비를 뿌려 밭을 갈았다. 건강하게 숨 쉬는 땅을 만들려고 비닐 멀칭 대신 낙엽과 왕겨를 덮었다. 땅속 미생물을 살리는 데에는 시간이 필요했고, 사람의 손길도 그만큼 많이 들었다. 이렇게 일군 땅에 뿌린 도라지 씨앗은 깨알보다 작았고, 더덕 씨앗은 깃털보다 가벼웠다. 비에 씻겨 내려가고, 바람에 날려 사라지지 않도록 왕겨를 듬뿍 덮었다.

풀과의 싸움은 끝이 없었다. 도라지와 더덕은 늦게 자라고, 풀은 먼저 자랐다. 밭은 금세 명아주, 풍년초, 지칭개로 뒤덮였다. 우리 가족은 매일 밭에 나가 한 고랑씩 맡아 잡초를 뽑았다. 도라지 싹이 난 지 얼마 안 된 밭의 풀을 뽑다 보면 도라지 뿌리도 함께 뽑혀 나갔다. 봄부터 가을까지 한 해에 서너 번, 손이 닿지 않으면 밭은 금세

풀밭이 되었다. 들쥐는 겨우내 도라지를 먹고 살았다. 윗부분만 똑똑 따간 뿌리가 땅굴 창고에 수북이 쌓여 있었다. 우리는 그중 뇌두가 달려 있는 뿌리를 골라 새 밭에 이식했다. 뿌리 끝부분은 도라지무침으로 밥상에 올랐다. 도라지는 3년마다 자리를 옮겨야 한다. 옮기지 않으면 썩어버리고, 옮겨도 6년근 중엔 3분의 1이 썩는다. 수확의 기쁨보다 '올해도 무사히 자라주었구나' 하는 마음이 더 컸다.

땅심 좋은 밭이라면 뭐든 잘 자란다는 희망은 현실 앞에 무너졌다. 가장 힘들었던 건, 심은 대로 거둘 수 없다는 사실이었다. 매일같이 허리를 굽혀 풀을 뽑고, 두더지가 파놓은 흙을 다시 메우고, 썩은 도라지를 들어내며 그 자리엔 다시 새로운 모종을 심었다. 더덕밭도 마찬가지였다. 열 해 가까이 그렇게 도라지와 더덕밭을 돌봤지만, 밭에 남은 건 우거진 잡초뿐이었다.

시간이 지날수록 산행과 농사일로 삶을 꾸려가기 힘들었다.

2018년 1월, 아빠가 독감에 걸려 폐렴으로 진행돼 중환자실에 입원했다. 자가호흡율이 20%로 떨어져 목숨이 위태로운 상태가 계속되었다. 엄마와 할머니도 같은 시기에 독감에 걸려 폐렴으로 입원했다. 우리 4남매가 돌아가며 아빠를 간병하러 다녔다. 다행히도 엄마와 할머니는 바로 회복되었고, 아빠도 한 달 만에 기적적으로 중환자실에서 일반병실로 옮겼다. 그 후로 기능이 떨어진 한쪽 폐를 수술하고 회복하기까지 몇 개월이 걸렸다.

40대에 유풍관광농원 사업을 일으켰던 아빠가, 어느새 70대의 병약한 노인이 되었다. 엄마도 대가족 살림을 하며, 나락에 오르내리다가 떨어져 허리를 다쳤다. 엄마는 퇴원해서 재활운동 대신 허리에 보조기구를 끼고 밭에 나가 풀을 뽑다가 허리가 굽어버렸다. 나도 남동생이 없을 때 20kg 씨감자 상자를 들어 올리다가 어깨 인대를 다쳐 더 이상 농사를 지을 수 없었다. 남동생은 비닐하우스 세 동에 멜론, 단호박, 감자, 고추, 참깨 등을 심어보고, "농사를 지을수록 빚만 늘어난다."며, 공사 현장에 일하러 다녔다. 5천 평 넘는 밭농사에 매달린 지 10년, 결국 온 가족이 나가떨어졌다.

  가족들은 여전히 유풍농원에 살지만 각자 살길을 찾았다. 언니의 권유로 부모님은 조경기능사 자격증을 따고, 언니가 운영하는 조경 회사 현장 일을 다녔다. 남동생도 조경기사 공부를 해 언니 회사로 들어갔다. 나 역시 조경 공부를 했지만 체력이 따라주지 않아 문해력과 글쓰기 수업을 맡는 강사가 되었다.
  아빠는 정기적으로 폐검사를 받으러 다닌다. 의사에게 힘든 일을 하면 안 된다는 말을 들었지만, 틈만 나면 나무를 돌본다. 장대가 달린 톱을 들고 키 큰 소나무를 전지하다가 객혈해서 119구급차에 실려 간 적도 있다. 언니를 설득해 투자받아 배롱나무밭과 소나무밭을 조성해 가꾸었다.
  "그래도 굶어 죽으란 법은 없다고, 고비마다 나무 팔아서 살았제."
  전기가 끊기고, 보일러실 기름이 떨어질 정도로 어려웠을 때, 보증 서준 지인의 논밭이 넘어갈 위기에 처했을 때, 아빠가 심고 가꾼 나무들이 팔려나가 숨통이 트였다. 정원에 심고 가꾸었던 소나무, 단풍나무, 호랑가시나무, 태산목, 꽃사과나무, 아빠가 20대부터 묘목을 심어 가꿔온 느티나무, 배롱나무, 팽나무, 모과나무, 단풍나무도, 과실수로 심었다가 감은 별로 못 따보고 밭두렁에 남겨두었던 감나무도, 조경수로 팔려 유풍농원을 지키도록 해준 효자나무들이다. 그 나무값으로 아빠는 지인들의 빚을 하나씩 갚아 나갔다.

지난겨울, 아빠는 비싼 굴착기 장비를 며칠씩 써가며 소나무밭과 배롱나무밭을 새로 조성했다. 가족들이 만류하자 아빠는 단호히 말했다.

"다 택섭이 나무제."

아빠의 기대는 늘 남동생에게로 향한다. 언젠가 유풍농원을 더 크게 일으켜 세우길 바라면서. 하지만 남동생은 이미 언니 회사의 조경업무로 바쁘고, 집에는 한 달에 한두 번 들를 뿐이다. 아직은 유풍농원을 지켜온 아빠가 나설 수밖에 없다.

아빠는 올해 일흔여덟이다. 7년 전 죽을 고비를 넘긴 후 담배를 끊고 건강을 유지하고 있다. 올해도 한 달에 두세 번씩 조경 현장감독 일을 다녀왔고, 벌써 두 번이나 예초기를 메고 정원과 밭두렁 풀을 벴다. 틈틈이 조경수 가지치기도 했다.

10년 동안 온 가족이 농사에 전념하느라 정원을 제대로 돌볼 틈이 없었다. 가지치기가 안 돼 정글처럼 우거지고 서로 얽힌 나무들로 거의 숲을 이뤘다. 할머니는 우거진 나무를 볼 때마다 '호랭이 새끼치겠다'며 혀를 찼다. 나뭇가지 하나라도 함부로 자르면 자신의 지체인 듯 벌벌 떠는 아빠의 잔소리 때문에, 엄마도 나도 한두 나무를 손대다 관뒀다. 아빠가 나서기 시작하면 속도가 났다. 큰 나무들을 가지치기하자 집 마루에서도 연못정원 풍경을 즐길 수 있었다. 그동안 가려져 있던 아기자기한 정원석들, 작은 관목 덤불들이 새로 태어난 듯했다.

아빠는 온통 나무 생각뿐이다. 늘 나무를 곁에 둔다. 산에 다녀올 때마다 옹두라지가 난 소나무 가지나 가막살나무를 베어 와서, 한겨울이나 비가 내려 바깥일을 할 수 없을 때면 집안에서 온종일 나무를 만지작거린다. 껍질을 깎아내고, 사포로 문지르고, 불에 달구고, 기름을 먹여 산신령이 들고 다닐 법한 지팡이를 만든다. 도라지 산행에 유용하게 쓰이는 약초지팡이도 만들어서 가족들에게 나눠줬다. 한쪽 끝에 갈고리가 달려 있어서 손잡이도 되고, 괭이도 되고, 높은 가지나 가시투성이 두릅나무, 엄나무를 휘어잡기에도 좋은 지팡이다. 밭에 가든지 산책을 하든지 집을 나설 때 신발장 옆에 수북이 세워둔 아빠의 나무지팡이를 하나 골라 들고 나가면 쓸모가 많다.

아빠는 바다낚시를 가도 바닷가에 떠밀려오거나 방파제에 걸려 있는 유목을 주워 와서 몇날 며칠 갈고 닦아 작품을 만든다. 아빠 방에는 쓸모는 없지만 보기 좋은 작품들이 쌓여간다.

아빠는 늘 나무 곁에 있다.

    깃털을 무수히 달고도
    날개를 한껏 펼치고도
    날아오르지 않는 새

    나는 법을 잊어버린
    지상의 새

땅의 온기를 붙잡아
땅속 깊숙이 발톱을 박고
외발로 서 있다

바람 부는 날이면
푸르른 깃털을 파르르 떨며
흔들리는 마음을 노래한다

비에 흠뻑 젖어도
날개를 접지 않고
태풍이 휘몰아쳐 꺾일지라도
날개를 감추지 않고.

정은희, 「나무」

이끼섬이 된 축구공

 연못가 향나무 가지치기를 멈춘 지 몇 해. 나무는 자유롭게 뻗어 가고, 덩굴과 잡초가 섞이며 연못 둘레가 야생으로 무성해졌다. 그렇게 만들어진 연못의 새로운 풍경 안에서, 뜻밖의 '섬'을 발견했다.

 연못가 벚나무 가지를 휘어잡아 버찌를 따 먹고 씨앗을 장난삼아 건너편 향나무 쪽으로 뱉어내다가 연못가에 반쯤 잠긴 축구공 하나가 눈에 들어왔다. 무늬가 바랜 공 위로 이끼가 마치 머리카락처럼 부드럽고 촘촘하게 축구공을 감싸 안듯 자라고 있었다. 낡은 가죽 틈엔 솔잎이 끼어 있었고, 푸른 이끼 사이에 작은 풀씨 하나가 뿌리를 내리고 잎을 틔웠다. 그 풀잎 하나가 바람에 흔들리는 걸 보고서야, 나는 그 축구공이 더 이상 과거의 놀이기구가 아니라는 걸 깨달았다. 그것은 이미 이 정원의 한 구성원, 생태계의 한 축이었다.

이끼와 풀잎은 낡은 축구공의 패턴을 따라 결을 이뤘고, 그 사이사이로 실편백잎과 송화가루, 작은 곤충들이 스며들었다. 우렁이가 이끼를 갉아 먹으려고 기어오르고, 갓 태어난 듯 투명한 몸을 한 송사리 한 마리가 공을 톡톡 건드리며 꼬리지느러미를 흔들었다. 물속에 잠긴 공 표면에 낀 물이끼를 뜯어 먹고 있었다. 연못에 둥둥 떠다니는 공은, 마치 우주에 떠 있는 초록 행성 같았다.

두 아이가 어릴 적 이 연못가 잔디밭에서 공을 차며 뛰놀았다. 그 시절, 실수로 빠뜨린 축구공이었다. 우리는 어느새 그 공을 잊고 있었다. 6~7년쯤 흘렀을까. 그 공 위에 세월이 자라 있었다.

또 다른 연못 건너편 실편백나무 가지 그늘 아래에 또 다른 축구공이 살고 있다. 플라스틱비닐 외피는 벗겨지고 갈라졌지만, 그 틈마저 이끼가 메우고 있었다. 축구공 아래, 물속엔 작년 여름의 연잎 줄기가 사선으로 가라앉아 있고, 이끼로 덮인 축구공 옆에 새 연잎이 피어나고 있다. 정원이 시간을 붙잡아두기라도 하듯, 계절과 계절의 흔적들이 겹쳐 있었다. 정원의 가장 낮고 고요한 자리에, 버려진 것들이 살아 있었다.

멀리서 그 공들을 발견했을 땐 건져내려고 했다. 낡고 쓸모없어진 물건. '쓰레기'라는 단어가 먼저 떠올랐다. 하지만 자세를 낮춰 그 풍경을 오래 들여다보니 생각이 바뀌었다. 이끼섬이 된 축구공은 이미 자연이었다. 우리가 잊은 사이, 자연은 그것을 품고, 덮고, 생명을 틔워냈다. 아무도 돌보지 않았지만, 그건 분해되거나 사라지지 않고 다시 쓰이기 시작한 것이다.

『숲에서 우주를 보다』에서 데이비드 조지 해스컬은 숲속에 정해놓은 만다라 구역에 버려진 골프공을 치워야 할까, 그 자리에 두어야 할까 고민하다가 사유를 확장하고 골프공을 만다라에 내버려두기로 마음먹는다.

> "인간의 인공물이 남아 있다고 해서 자연이 아름답지 않거나 일관되지 않은 것은 아니다. (……) 우리의 가장 큰 실패는 세상에 대한 연민을 품지 못한다는 것이다. 이 '세상'에는 우리 자신도 포함된다."*

정원을 가꾸는 손의 윤리뿐 아니라, 실수하고 떠난 자리에 피어나는 존재들에 대한 시선이기도 했다.

축구공은 자연이 아니다, 라고 단정 짓는 건 쉽다. 하지만 자연은 그렇게 단순한 경계를 긋지 않는다. 흙이 없어도 자라는 이끼, 둥근 플라스틱에 뿌리내린 풀씨, 그것을 삶터 삼은 물속 생물들. 생명은 우리가 쳐둔 구획을 훌쩍 넘어 산다.

축구공을 건져내지 않았다. 축구공을 치우기보다, 함께 살아가

---

* 『숲에서 우주를 보다』, 데이비드 조지 해스컬, 225쪽, 에이도스, 2014.

는 방법을 선택하고 싶었다. 정원이 그러하듯, 우리 역시 실패를 안고 자라는 존재이기 때문이다. '방치'라고 말할 수 있다. 그러나 '그저 두는 것'과 '함께 살아가도록 남겨두는 것'은 다르다. 그건 이 연못이, 우리 가족이, 아빠가, 아이들이 지나온 세월이 쌓인 풍경이다. 한 시절의 흔적이, 다음 계절의 시작이 되듯.

정원은 인간의 손이 멀어져도 자란다. 오히려 너무 많은 손길은 그 생태를 거스르기도 한다. 버려진 축구공 위에서 자라는 이끼를 통해 배운다. 모든 실패가 사라지는 건 아니고, 어떤 건 오래 남아 다른 방식으로 살아간다는 걸.

이끼를 머리에 인 축구공은 조용히, 햇빛을 머금고 자라며 연못의 작은 섬이 되었다. 그 위로 새 그림자가 스쳐가고, 바람이 어루만지고, 잠자리가 잠시 내려앉는다. 사람의 손을 비껴간 곳에, 뜻밖의 조화가 피어 있었다. 둥근 이끼섬은 말없이 부유하며, 정원의 생태에 자신만의 대사를 보탠다.

버려진 것에도 자라는 삶이 있다고.
방치된 자리에도 피어나는 의미가 있다고.

돌 위에 피어난 공생의 문장들

장마가 시작되기 전, 연일 뜨거운 햇살 아래 정원석 주변의 비비추, 우단동자, 자주달개비가 시들거렸다. 그러다 오전 동안 반가운 약비가 내렸다. 습한 공기 탓일까? 버섯 산행에서 낙엽으로 뒤덮인 땅을 걸어낼 때 나는 냄새가 났다. 파릇파릇 돋아나는 새순들이 풍기는 풋풋한 내음 사이로 스며드는 원시림의 땅 비린내.

오래된 팽나무로 눈길이 갔다. 수피가 여기저기 터진 팽나무 고목에 밀집해 사는 수피생지의류가 비를 머금고 색이 진해져 눈에 띄었다. 통명산 자락의 고지대에 자리한 우리 집 정원의 나무와 정원석에는 다양한 빛깔과 모양의 지의류들이 많다. 비가 내리자, 50년 정도 된 동백나무 밑줄기에는 부스러기 모양의 고착 지의류가 녹색으로 변했고, 고로쇠단풍나무 줄기에 사는 원반형의 연회색 엽상지의류도 연파랑 하늘빛이 가미됐다. 잎이 크고 두꺼워 나무줄기에 빛이 잘 들지 않는 태산목은 지의류와 솔이끼로 두텁고 빽빽하게 뒤덮였다. 빗방울이 땅에 떨어지기도 전에 지의류와 선태류가 스펀지처럼 흡수해버린 양도 만만치 않았을 것이다. 바위에 멋진 무늬를 새기는 암생지의류도 눈에 들어왔다. 생강나무 아래 까만 정원석에서 밤하늘에 뜬 보름달 같은 암생 지의류를 발견했다. 달무리까지 있다.

연못가로 난 돌계단에도 여러 해 쌓인 풍경이 고스란히 남아 있다. 굵은 비가 쏟아진 뒤, 물기를 머금은 돌다리에 피어난 지의류의 색감은 놀랍도록 화려했다. 녹색, 갈색, 연보라색, 자줏빛, 회청색……. 그 무늬들은 마치 아주 오래전부터 거기 살았던 생명들이 남긴 문장 같았다. 햇살이 들지 않는 그늘진 계단 아래, 사람의 손길이 미치지 않는 자리에 그들은 피어나 있었다. 돌 위의 꽃, 돌 속의 기억. 아무도 알아채지 못했지만, 언젠가 그 자리에 머물렀던 빛과 비, 바람과 먼지가 함께 만든 작품.

지의류는 둘 이상의 생명체, 즉 균류(균체)와 조류(광합성자)의

공존으로 이루어진 작은 생태계라고 지의학자들은 말한다. 지의류가 다채로운 색깔을 내는 것은 그 속에 들어 있는 다양한 조류, 세균, 균류 때문이다. '균류는 집을 짓고, 조류는 밥을 짓는다.'(국립수목원 생물산책) 균류는 물을 품고 외부 자극을 막아내며 쉼터가 되고, 조류는 햇빛을 받아 당분을 만들어 먹여 살린다. 전혀 다른 존재들이 서로를 살게 만든다. 그렇게 공생관계를 이루며 하나의 생물로 진화한 지의류는 어떤 극한 환경에서도 버틴다. 심지어 우주에서도 살아남는다. 그것은 단순히 강해서가 아니라, 함께여서 가능한 생이다.

우리 가족도 그랬다.

2018년 겨울, 한파와 함께 감기가 온 집안을 덮쳤다. 할머니, 엄마, 아빠, 세 분 모두 독감에 쓰러졌고, 결국 폐렴으로 동시에 입원했다. 할머니와 엄마는 다행히도 지역 병원에서 일주일 만에 회복되어 퇴원했지만, 문제는 아빠였다. 오랫동안 골초였던 아빠의 폐는 이미 한계에 다다라 있다. 폐 기능이 20% 아래로 떨어져 자가호흡이 불가능해졌다.

대학병원 중환자실. 산소호흡기에 의지해 겨우 숨을 쉬던 아빠는 한 달 넘게 생사의 문턱을 넘나들었다. 하루에도 몇 번씩 침상 위 환자들의 심장 모니터가 꺼지고, 가족들의 오열이 복도에 번지던 그곳. 우리는 매일 그 죽음의 그림자 속에서, 기적처럼 아빠가 돌아오길 기다렸다.

엄마는 퇴원한 지 며칠 만에 다시 병원으로 돌아가 아빠를 간병

했고, 딸들이 교대로 중환자실 옆 대기실을 지키는 동안, 엄마는 집으로 돌아와 할머니와 손자들의 밥상을 또 지어냈다. 스물셋에 남편을 잃고도 자식을 위해 단단히 버텨온 할머니. 병든 아들을 위해 아무것도 해줄 수 없다는 괴로움에 시달리다가 끝내 기력이 바닥나 다시 입원했다. 그 와중에도 흙 묻은 손으로 밭일을 마친 뒤, 운전대를 잡고 병원 두 곳을 오가며 아빠와 할머니의 병실을 돌보던 남동생. 그 곁에서 어느새 훌쩍 자란 아이들.

그 시기, 열 살이었던 둘째아이는 아픈 할아버지를 생각하며 시 한 편을 써 내려갔다. 한 사람의 아픔이 가족 모두의 얼굴에 드리워졌던 그 시절의 풍경이 시 속에 고스란히 담겨 있다.

할아버지는 아파
병원에 계시는데

할머니 얼굴에서도
할아버지가 보이고

엄마 얼굴에서도
할아버지가 보이고

삼촌 얼굴에서도
할아버지가 보이고

형아 얼굴에서도
할아버지가 보인다.

박범우, 「할아버지」

아빠는 한 사람 안에 있지 않았다.
모두의 얼굴에, 모두의 마음에 나뉘어 존재했다.
누구도 내색할 겨를 없이 각자의 자리를 지켰고,
누구도 전부를 감당하진 못했지만,
모두가 조금씩 애쓰며 삶의 끈을 놓지 않았다.
우리 중 누구도 온전하진 않았지만,
그 불완전함으로 서로를 붙잡았다.
누군가는 물을 길어오고,
누군가는 불을 지피고,
누군가는 말없이 곁을 지켰다.
우리는 늘 완전한 조화를 이루진 못했지만,
그 미묘한 균형이 무너졌을 때,
누구든 먼저 움직여 다시 삶을 붙잡았다.
마치 지의류가 그러하듯이.
햇빛이 없어도, 비가 없어도 잠시 멈췄다 살아가는 기술.
생의 낮은 온도에서 살아남기 위해 우리가 익힌 생존의 방식은 바로, 혼자가 아니었다는 사실이다.
함께여서 살아남는 삶, 그 방식은 서서히 자란다.

햇빛을 알아가는 시간

지금 연못 한켠에는 연잎이 가득 피어나고 있다. 햇살에 반사되어 반짝이는 초록 잎들은 물 위에 둥둥 떠 있고, 그 위로 조그만 아침이슬이 방사형 잎맥을 따라 조르르 맺힌다. 반질반질 윤이 나는 연잎 하나, 오목한 중심에 맺힌 이슬방울은 마치 작고 투명한 우주처럼 빛난다. 잔잔한 수면에 떠 있는 둥근 잎들은 서로 겹치거나 나란히 퍼지며 연못을 초록빛 수채화로 채운다. 그 풍경 속에서 처음 연꽃씨를 심었던 날을 떠올린다.

2016년 이른 봄, 문학 모임에서 나눔 받은 토종 연꽃씨 한 뭉치. 아빠가 방죽과 연못에 나눠 뿌렸다. 은행알보다 작지만 훨씬 단단한 씨앗이 연못의 탁한 물 아래로 스르르 가라앉았다. 조용히 물을 통과해 진흙 속에 잠들 듯 내려앉은 생명의 씨앗. 스물세 해를 기다려온 연못이 그제야 비로소 꽃을 품을 준비를 시작한 것이었다.

장마가 지나자 연잎이 한두 장 솟아올랐다. 그리고 그다음 해에도, 또 그다음 해에도. 어른 키만큼 뻗어 오른 잎자루 끝에 둥글고 넓은 잎이 펼쳐졌다. 하늘을 닮은 그 잎들은 물에 젖지 않은 채 떠 있었고, 잎맥 위엔 투명한 이슬방울들이 여왕의 목걸이처럼 반짝였다. 그러나 연꽃은 피지 않았다. 연잎만 무성하던 계절들이 여섯 해를 지나갔다.

마침내, 2022년 7월 15일.
블로그 정원 일기 한 줄이 그날의 기쁨을 말해준다.
"드디어 연못에 연꽃이 핀다."
한 송이는 크림빛 봉오리 끝에 연분홍이 물들며 살포시 부풀었고, 또 한 송이는 활짝 피어 노란 꽃술을 드러냈다. 그 아름다움 앞으로 온 가족이 모여들었다. 엄마는 향기를 맡고 싶다고 했고, 아이들은 "엄지공주가 나올 것 같다."며 웃었다.

연꽃은, 나무 그늘이 닿지 않아 햇살이 비치는 연못 한가운데에서 피어났다. 더 많은 연꽃을 보려면 햇빛을 듬뿍 받도록 나무들을 다듬어야 한다. 연못정원에 빛이 들어갈 틈새가 필요하다. 그것은 식물의 생장 조건만을 뜻하는 것이 아니었다. 우리의 삶과 정원이, 다시 숨을 쉬기 시작했다는 징조였다.

2016년부터 연꽃을 보게 된 2022년까지. 그 시간은 우리 가족이 식당과 펜션을 접고, 오롯이 농사로 생계를 이어가던 시기였다. 정원을 돌볼 틈은커녕, 그저 살아내느라 매일 전쟁 같았다. 인건비를 아끼기 위해 넓은 땅에 열 가지가 넘는 작물을 가족끼리 돌보았다. 토란을 심다보면 울금 파종 시기를 놓쳤고, 도라지밭의 풀을 다 뽑기도 전에 토란밭은 이미 잡초로 뒤덮였다. 감자를 캐고 나면 옥수수가 익어가고, 옥수수를 따낸 자리에 다시 들깨 모종을 옮겨 심었다. 참깨를 베어내고 나면, 붉게 익은 고추가 서둘러 손길을 재촉했다. 가을은 특히 숨 돌릴 틈이 없었다. 땅콩을 캐고, 마늘을 심고, 들깨를 거두느라 고구마 수확이 늦어지면 뒷산에서 내려온 멧돼지가 먼저 밭을 휩쓸었고, 토란을 캐느라 울금을 제때 수확하지 못하면 첫서리에 얼어 썩었다. 겨울이 와도 쉼은 없었다. 콩 타작을 하고, 도라지를 캐고, 지하실에 저장한 토란을 하나하나 다듬는 동안에, 봄은 다시 밭갈이 일정표를 들고 문 앞에 와 있었다. 그렇게 사계절 내내 농사는 줄줄이 이어졌고, 매일의 시간표는 밭의 작물들이 정해주는 대로 움직였다.

그러는 사이 연못 주변 나무들은 무성하게 자랐고, 그늘은 점점 깊어졌다. 연꽃이 피었더라도 알아채지 못했을 것이다. 언뜻 보았다 하더라도, 우리는 그 의미를 받아들일 마음의 틈이 없었을 것이다.

그 무렵의 연못은 어쩌면 우리 가족의 마음과 같았다. 햇빛 한 줄기 스며들지 않는 그늘 아래 연잎은 앞 다투어 자라났지만, 무성한 초록의 잎들 사이로 단 한 송이 꽃도 피어나지 않았다. 씨앗 하나 맺지 못한 여름이 몇 해나 지나갔다.

2022년 여름, 연꽃 두 송이를 발견한 날 우리는 잃어버린 무언가를 되찾은 듯 기뻤다. 빛이 필요하다는 걸 깨닫고 연못 둘레의 우거진 나뭇가지들을 걷어냈다. 자라난 철쭉은 절반으로 줄이고, 연못 전체를 삼킬 듯 무서운 성장 속도로 가지를 뻗으며 커가는 자귀나무도 다듬었다. 향나무와 꽃댕강나무 가지를 과감히 정리하자, 연못가의 암석정원이 햇빛을 받기 시작했다. 잘라낸 가지들은 산처럼 쌓였고, 남동생은 그것들을 분쇄해 퇴비로 만들어 밭에 뿌렸다.

2018년 폐렴으로 수술하고 회복기를 거친 아빠도 천천히 정원으로 돌아왔다. 한때 하트 모양이던 철쭉동산, 덩굴과 잡초에 뒤덮여 잊힌 그 자리를 다시 다듬기 시작했다. 맥문동, 사랑초, 국화, 꿩의비름, 패랭이꽃이 모습을 드러내고 꽃을 피웠다. 집으로 올라가는 길에서도, 테라스에서도 연못이 보였다. 햇빛은 그 길을 환하게 비췄다.

빛이 들어오자, 연못은 숨을 쉬었다. 그리고 꽃이 피었다.

그렇게 조금씩, 연못에도 우리 마음에도 햇살이 들기 시작했다.

연꽃을 발견한 순간, 나는 오래된 시간을 다시 껴안게 되었다. 무성한 잎들만 남은 채 빛을 기다리던 연못, 살아내느라 마음을 돌볼 여유조차 없었던 날들, 서로를 이해하지 못해 멀어진 날들. 연꽃 한 송이는 그 모든 시간을, 침묵의 언어로 되짚어주었다. 햇살을 들이기까지 걸린 시간은 곧, 마음의 문을 여는 시간이었다.

연꽃은 진흙에서 자라면서도 깨끗하고 고귀한 꽃을 피우는 식물이다. 연꽃의 생김새와 생태 또한 신비롭다. 크림색 꽃잎 사이에 수많은 수술이 늘어서 있고, 그 한 가운데 거대한 암술머리가 자리 잡고 있다. 암술머리의 작은 구멍이 뚫린 돌기마다 각각 다른 밑씨를 품고 있어 유전적 다양성을 극대화한다. 뿌리줄기는 진흙 속에서 옆으로 뻗어가며 마디마다 생명을 저장한다. 잎은 높이 1~2m의 잎자루 끝에 달려 지름 40cm의 둥근 잎을 펼치고, 그 잎은 물에 젖지 않는다. 꽃은 여름에 피고, 꽃잎은 연한 달걀형이며 꽃줄기에도 잔가시가 있다. 심지어 2000년이 지난 연꽃 씨앗도 발아한 기록이 남아 있을 정도로 강인한 생명력을 지녔다. 그 특성 때문일까. 연꽃은 빛을 그리워하며 묵묵히 피어날 때를 기다린다.

꽃이 피려면, 무성했던 그늘을 걷어내 햇빛의 통로를 만들어야 한다.

햇빛은 시간을 건너 우리에게로 온다.

꽃은, 햇살이 닿는 자리에서 비로소 피어난다.

골고루 햇빛을 받는 순간, 그곳은 다양한 생명이 어우러지는 연못이 된다. 소금쟁이가 고요한 수면에 물결을 그리고, 일렁이는 빛의 결을 따라 물풀이 흔들렸고, 햇빛은, 연잎 위에 맺히는 이슬의 반짝임으로, 꽃의 색을 비추는 방식으로, 우리 가족의 일상으로 천천히 스며들었다.

예전에는 왜 몰랐을까. 햇빛이 이렇게 다양한 방향과 리듬으로 찾아온다는 걸. 어떤 햇살은 곧장 꽃을 피우기도 하고, 어떤 빛은 오래도록 잎 사이를 맴돌며 돌아서 연못을 비춘다.

누구나 '햇빛을 알아가는 시간'이 필요하다. 그늘을 걷어낸 정원에 햇빛이 스며들며, 처음으로 햇빛이 무엇인지 조금 알게 되었다.

아빠는 정원을 돌보며 '햇빛을 주는 사람'이 되어간다. 한강의 에세이 「북향 정원」에서처럼, 햇빛의 리듬과 각도를 알아차리는 몸의 감각을 익히고 있다. 어느 날은 새벽에 연못가에 먼저 도착한 빛이 수면 위로 흘러들고, 어느 날은 바람이 잎사귀를 흔들어 노을빛이 춤을 춘다. 그렇게 우리 정원에도, 그리고 우리 삶에도 햇빛이 들어왔다.

아빠는 때로는 빛을 들이는 사람이 되고, 때로는 바람을 막아주는 사람이 된다. 겨울바람이 매섭게 불 때, 연못가 실편백나무와 배롱나무는 바람막이가 되어 주었다. 연못 안의 생명들이 추위를 견딜 수 있었던 건, 나무가 앞서 바람을 맞고 있었기 때문이다. 바람 부는 날들 속에서 아빠는 늘 앞에 섰다. 누구보다 먼저 바람을 맞았다. 우리가 넘어지지 않도록. 바람을 막아준 나무 아래 우리는 비로소 숨을 고르고 잎을 펼 수 있었다.

그늘 아래 오래 머물러 견뎌낸 시간이 있기에 햇살이 더욱 따뜻하게 느껴진다.

루피너스, 정원의 무대에 서다

정원에는 떠났다가 돌아온 꽃이 있고, 한 자리를 지키며 계절을 견뎌낸 나무가 있다. 루피너스는 다시 심겼고, 아빠는 가지를 치며 그 꽃이 햇빛을 받을 수 있도록 정원의 그늘을 걷어낸다.

팔순을 바라보는 아빠는 오늘도 고지가위를 들고 정원으로 향한다. 장대만큼 긴 전지가위를 자신의 팔과 손처럼 능숙하게 다루는 베테랑 정원사의 섬세한 손길 아래, 키 큰 나무들 가지 사이로 바람과 햇살의 통로가 열린다.

정원의 시간을 거슬러 올라가면, 이 땅에는 한때 꿈이 있었다. 유풍관광농원. 이름도 푸르렀던 그 꿈. 바람처럼 자유로운 자연 속 쉼터를 만들고자 아빠는 나무들을 심고, 잔디밭과 연못을 만들고, 돌을 놓으며 정원을 열었다.

꿈은 오래 가지 못했다. 사업은 실패했고, 부도와 함께 모든 것이 멈췄다. 사람들은 떠났고, 세금 고지서와 압류 딱지만 남았다.

아빠는 정원을 떠나지 않았다. 그 후로 30년 가까운 세월 동안 봄이면 나무를 심고, 여름이면 잡초를 뽑고, 가을이면 낙엽을 긁고, 겨울이면 가지를 다듬으며 계절을 견뎌냈다.

이제 가족 정원이 된 정원의 가지를 치고, 삶의 그늘도 함께 잘라낸다. 숨통이 트인 정원의 한 귀퉁이, 키 작은 소나무와 철쭉 사이 햇빛이 닿기 시작한 자리에 루피너스를 심었다.

시작은 책 한 권이었다.

데이비드 소로의 『야생화 일기』.

그가 "페르세포네가 거닐 만한 낙원"이라 부른 꽃. 파랑, 연보라,

분홍, 흰색…… 햇빛에 따라 색이 바뀌는 투명한 꽃잎. 잎 중심에 물방울이 맺히는 신비로운 식물. 그의 문장에 끌려 루피너스를 정원에 초대했다.

콩과의 여러해살이풀인 루피너스 폴리필루스(Lupinus polyphyllus). 다 자라면 키가 60cm까지 크고, 털이 난 초록색 손바닥 모양의 잎을 펼친다. 중심에서 솟은 꽃대 아래부터 위까지 나비 날개 같은 청보라색 꽃이 총상꽃차례로 빼곡히 열린다. 오랜 시간 피어나는 꽃은 그윽한 향기를 퍼뜨리며 멀리서부터 벌과 나비를 끌어들인다. 나도 소로처럼 루피너스를 기르며 일기를 쓰기로 했다.

2022년 5월 28일.
노란색 샹들리에, 자주색 더 차틀린, 흰색 노블 메이든, 파란색 더 거버너. 네 가지 품종의 루피너스 숙근 일곱 포기를 연못가 경계석 주변에 심고, 연못물을 퍼다 듬뿍 적셔주었다. 소로를 들뜨게 했던 천상의 색채, 그 꽃이 피기를 기다리며.

새로 들어온 낯선 녀석이 어떻게 자라게 될지 궁금한 듯, 연잎들이 수면 위로 잎자루를 쑥 올리고 바라보고 있었다. 루피너스 곁에는 하늘하늘한 패랭이가 분홍꽃을 활짝 피우며 반겼다. 몇 발짝 떨어진 양옆에는 바람을 막아줄 든든한 나무들이 굽어보고 있었다. 아빠가 해마다 정성껏 가지를 다듬는 키 작은 소나무, 가느다란 꽃가지를 부지런히 키우며 향기로운 별모양 꽃을 피우는 꽃댕강나무, 황금빛 얼룩이 매력적인 잎을 무성하게 매단 금식나무. 이 나무들은 겨우내 잎을 떨구지 않고 지켜 서서, 봄이 오면 루피너스가 새싹을 올리며 자라는 모습을 바라볼 것이다.

며칠 지나자 루피너스의 방사형 잎이 손바닥처럼 펼쳐지고, 잎의 중심엔 아침이슬이 맺혔다. 물방울 하나가 햇빛을 머금고 반짝였다. 6월 초부터 여름 더위가 기승을 부려 루피너스가 시들까 걱정돼 아침저녁으로 연못물을 뿌려주었다. 물 주는 틈틈이 개망초와 바랭이풀도 부지런히 뽑았다. '이런 잡초 녀석들!' 하고 심한 말을 내뱉다가 루피너스의 작은 잎줄기 하나가 꺾였다. 새잎이 계속 돋아나고 있어도 속상했다.

6월 20일.

심은 지 한 달도 안 돼 루피너스는 네댓 개의 곁가지를 내고 10여 개의 잎을 펼쳤다. 기다리던 꽃대가 가장 무성한 포기에서 솟아올랐다. 고양이 꼬리처럼 부드럽고 곧게 선 꽃차례. 간격이 좁아 보여 중간 두 포기를 옮겨 심었다가 사그라들어 가슴이 아팠던 터라, 꽃대 하나가 올라온 것만으로도 반가웠다.

6월 23일 새벽.

여섯 종류쯤 되는 새소리 종합세트에 잠이 깼다. 로저 키이스의 시「호쿠사이가 말하기를」을 암송하다가 정원으로 나갔다.

> 뜰의 나무 그늘과 풀들을 바라보는 것은 중요하지 않다.
> 네가 그것들을 보살피는 것이 중요하다.
> 네가 그것들을 느끼는 것이 중요하다.

네가 그것들을 알아차리는 것이 중요하다.*

고양이가 파헤쳐놓은 흙을 호미로 정리하고 풀을 뽑다 문득 어떤 기운이 느껴졌다. 무언가가 다정한 눈길로 나를 바라보는 듯. '뭐지?' 하고 고개를 들었다. 사흘 만에 루피너스꽃이 피어 있었다. 기다리던 꽃이었는데, 그 존재를 인지 반경 안에 들이는 데 몇 분이나 걸렸다. 땅만 보느라 꽃을 못 본 것이다.

제일 고대하던 파란꽃, 더 거버너. 아래부터 청보랏빛으로 피어나기 시작해 점점 위로 갈수록 보랏빛이 짙어졌다. 보라색 흰색이 번갈아 피는 나비 모양의 꽃송이. 향기에 이끌린 꿀벌 한 마리가 꽃잎에 매달려 있었다.

그날 아침, 루피너스꽃이 만든 공기를 마시며 정원을 산책했다.

6월 24일 아침,

루피너스 꽃차례가 밤새 비바람에 시달려 지팡이 손잡이처럼 구부러져 땅을 향하고 있었다. 세워보려다 물을 머금은 꽃대가 부러질까 조심스러워 햇빛이 일으켜 세우기를 기다리기로 했다. 그 뒤로 닷새 동안 바람 불고 흐린 날이 계속되었지만, 다행히 비가 오지 않아 꽃이 바로 섰다. 부푼 고양이 꼬리 같은 꽃차례를 손으로 감싸 쥐고 보드라운 향기를 맡았다. 백합 향기에서 강한 톤을 빼고 달콤한 향을 덧댄 듯한 향기, 등나무꽃 비슷한 향. 그 향기에 이끌려 꿀

---

* 『마음 챙김의 시』, 류시화 엮음, 수오서재, 2020.

벌과 나비가 날아들었다.
　꽃이 지기 시작한 건 아래쪽부터였다. 보랏빛이 옅어지고, 연두색 콩깍지 같은 열매가 맺혔다. 작고 연한 씨앗 꼬투리는 다음 계절을 품고 조용히 여물고 있었다.

　2023년 2월 27일 아침.
　봄소식을 들을까 기대하며 연못정원으로 내려갔다. 연못 위에는 아직 얇은 얼음이 덮여 있었지만 활기찬 새소리가 봄을 재촉하는 듯했다. 작년에 심었던 루피너스 한 포기가 영하 20도 가까이 내려갔던 겨울을 견디고 손톱만 한 새싹을 올리고 있었다. 그 조그만 초록 하나가 얼마나 반가웠는지 모른다. 올해는 더 풍성한 꽃대를 올려주기를 기대하며 주변에서 키를 키우기 시작한 개망초와 뽀리뱅이를 서둘러 뽑아냈다. 아홉 포기 중 겨우 하나가 살아남았다.
　이번에는 숙근 대신 꽃대를 올린 루피너스 모종 여덟 포트를 주문했다. 그중 다섯 포기는 꽃대가 생겨나 금세 꽃을 피울 듯했다. 땅을 뒤집어보니, 그 사이 두더지가 땅굴을 파놓았다. 뿌리는 남아있지 않았다. 흙을 다시 뒤엎고, 루피너스를 정성껏 심었다. 손바닥만 한 둘레돌을 하나하나 놓았다. 장대비에 흙이 흘러내리지 않도록, 두더지나 쥐로부터 뿌리를 보호할 수 있도록. 작은 돌들이 울타리가 되었다. 무슨 색 꽃이 필지는 랜덤이었지만, 그조차 기대되는 일이었다.
　5월 초, 겨울에 살아남았던 한 포기의 루피너스가 연못가에서 가장 먼저 꽃대를 올렸다. 너구리 꼬리처럼 탐스러운 꽃차례가 보름이 넘도록 흐드러지게 피어 있었다. 그 꽃은 한 해를 견뎌낸 연못정원의 자랑이었다.

새로 심은 모종들은 일찌감치 꽃이 지고, 잎사귀도 좋지 않은 상태였다. 여름 내내 키 큰 풀들이 끊임없이 자라났고, 그 틈에서 루피너스를 보살폈다. 겨울을 잘 넘기고 나면 내년에는 더 풍성한 꽃 차례를 피우고 진한 향기로 곤충들을 불러 모으길 바랐다.

2024년 봄.
루피너스 새싹 몇 포기가 간신히 올라왔지만 뿌리 깊은 쥐굴과 잦은 봄비 속에서 잡초들이 먼저 자리를 차지했다. 꽃대가 막 생기려던 무렵, 남동생이 예초기로 잔디밭을 정리하다 그만 루피너스까지 함께 베어버리고 말았다. 그 뒤로 가뭄이 들었고, 나는 바깥일에 쫓겨 정원에 오래 머무르지 못했다. 그해 루피너스는, 꽃 한 송이 피우지 못한 채 정원을 떠나고 말았다. 그 자리에 서서 한참 추억에 잠겼다.

아름답던 루피너스의 여름날
잎마다 맺혔던 이슬방울
바람결에 흔들리던 꽃대
향기에 이끌려 날아든 꿀벌 한 마리의 경쾌한 날갯짓
그 꽃과 함께 보냈던 계절들.

2025년 늦은 봄.
다시 루피너스를 심었다. 이번에는 연못가가 아니라, 정원 입구

배롱나무의 성근 가지 사이로 햇살이 부드럽게 퍼지는 자리에 작은 화단을 새로 만들었다.

배롱나무는 아빠가 청년 시절 묘목으로 길러내어 1992년 연못 정원에 입구에 옮겨 심은 뒤, 33년째 정원지기처럼 자리를 지키고 있다. 해마다 껍질을 벗어 매끈한 줄기는 햇빛을 받아 은은히 빛나고, 넓게 뻗은 잔가지는 오가는 이들을 품에 안듯 맞이한다. 봄이면 새순이 돋는 가지들이 유려하게 뻗어나가며 정원 풍경을 지휘한다. 여름부터 초가을까지 자주색 꽃송이를 피워내 정원 입구를 밝힌다. 단풍 든 잎을 떨구는 늦가을을 지나 겨울이면 앙상한 가지마저도 선율처럼 아름답다. 그 나무 아래, 이제 루피너스가 자리를 잡았다. 한때 정원 한가운데서 피었다가 사라진 꽃이, 이번에는 배롱나무의 품에 기대어 다시 피어날 차례다. 꽃대를 올린 여덟 포기의 사랑스러운 루피너스. 아빠가 가꿔낸 햇빛을 받아 다시 피어날 준비를 한다.

무대는 가지를 치며 만들어졌고, 빛은 그늘을 밀어내며 들어온다.

그리고 아빠의 정원 입구에 선 청보랏빛 꿈, 루피너스.

블루베리의 여름

봄이 오기 전 아빠는 가지치기를 시작한다.

"햇빛이 안 들어가서 꽃도 열매도 시원찮아."

그늘이 걷히자 빛이 스며들었다. 봄이 되면 블루베리 가지마다 작은 종 모양의 꽃들이 달린다. 율무알만 한 흰 꽃송이들이 초록잎

사이로 고개를 내민다. 이슬이 맺힌 꽃은 바닐라 아이스크림 같은 색을 띠고, 은은한 향이 난다.

　아이들은 블루베리를 누구보다 좋아한다. 둥근 꽃망울이 생길 때부터 들여다보며 열매가 익기를 기다린다. 6월이 되어 열매가 초록에서 자줏빛, 다시 짙은 쪽빛으로 익어 가면 아이들은 새벽부터 새소리와 함께 일어나 블루베리 나무로 달려갔다. 잎사귀 사이에서 진한 쪽빛으로 염색을 마친 열매들을 확인하고, 아침밥 전까지 실컷 달콤한 간식을 즐겼다. 주말이면 몇 시간이고 나무 곁을 떠나지 않았다. 주변을 돌며 새처럼 가지 사이를 오갔다. 블루베리라면 크고 작고, 달고 새콤한 것 가리지 않았다. 키보다 훨씬 큰 나무 아래서 까치발을 들고 가지를 잡아당기며 블루베리를 따 먹었다. 잎 사이로 얼굴을 파묻고, 입에 연신 손을 가져다 대며 한 알씩 톡톡 터트리던 순간!

　"여긴 더 달아."

　"이건 좀 새콤해."

　"우와, 왕 크다!"

　그 말들 하나하나가 여름 정원의 음악처럼 울렸다. 한 해는 둘째 아들 범우가 너무 많이 먹어 응급실에 다녀온 적도 있었지만, 여름이 오면 잊은 듯 다시 나무에 매달린다. 어른들도 소쿠리를 들고 나선다. 가지마다 주렁주렁 맺힌 열매를 따서 냉동실에 얼려 빙과처럼 먹거나, 갈아서 주스로 마신다. 마트에서 과일을 살 필요가 없을 만큼 풍성하다. 새들도 맛있는 걸 알아서 끝 무렵엔 우리와 블루베리 쟁탈전을 벌이기도 한다.

우리 집엔 블루베리 나무가 여기저기 흩어져 있다. 닭장 가는 길 비탈에 여섯 그루, 가을이면 빨갛게 단풍이 든다고 정원에 옮겨 심은 세 그루, 장독대 뒤 텃밭 두렁에 대추나무와 함께 사는 한 그루까지 모두 열 그루다. 블루베리 나무들 덕분에 달콤한 여름을 보낼 수 있다.

물론 모든 나무가 다 잘 자란 건 아니었다. 연못가에 심은 세 그루는 자리를 잘못 잡았다. 처음엔 볕이 들었지만, 곁의 나무들이 자라며 그늘이 짙어졌다. 암석정원 옆에 뿌리내린 두 그루는 측백나무와 금식나무, 동백나무에 가려 한 계절 내내 햇살을 기다려야 했다. 돌계단 옆에 심은 또 한 그루는 기세 좋은 철쭉 덤불에 갇혀버렸다. 정원에 정성을 쏟던 시절엔 그 나무도 탐스러운 열매를 맺었지만, 집안일과 바깥일이 얽히며 손길이 멀어지자 그 존재조차 잊히곤 했다.

블루베리는 보통 높이 1~2m 남짓 자라는 낙엽성 관목이다. 줄기는 곧게 자라기보다 가는 가지가 사방으로 퍼져 나가며, 오래될수록 회갈색으로 거칠어지고 어린 가지는 연둣빛을 띤다. 타원형의 작은 잎은 여름에는 짙은 초록으로 빛나고, 가을에는 붉게 물든다. 산성 토양에서 가장 잘 자라며, 물 빠짐이 좋으면서도 적당한 습기가 유지되는 흙을 좋아한다. 숲속의 부엽토처럼 촉촉하면서도 공기가 잘 통하는 흙이 블루베리나무에게 최적의 환경이다. 뿌리가 얕아 건조에는 약하지만, 충분한 햇빛과 통풍이 있는 경사지에서는 특히 잘 자란다. 반대로 그늘이 지거나 습한 계곡가에서는 열매를 맺지 못하거나 생육이 더디다.

아빠가 심고, 엄마가 지켜내고, 아이들이 따먹으며 세대를 건너 사랑받는 블루베리! 큰아들 건우는 블루베리를 '파랗고 달콤한 진주, 블루펄'이라고 부르며 "죽으면 그 나무 아래 묻히고 싶다."고 했다. 블루베리나무는 크지 않지만, 시간을 품은 열매를 맺는다. 아이들의 웃음과 손길이 열매처럼 이어지고 그 열매는 우리 삶을 이어준다.

 온 가족이 좋아하는 모습을 보고 아빠는 나무 곁에 선다. 도장지를 잘라내고, 베어놓은 풀더미를 거름이 되라고 나무 밑에 깔아주고, 가물 때는 물을 준다.

 햇빛이 없으면 꽃이 피지 않는다. 아빠가 처음에 그 사실을 지나치고 산골짜기 논에 심었을 때, 나무는 제힘을 다하지 못했다. 엄마가 해가 잘 드는 위쪽 비탈로 옮기자 비로소 열매를 맺었다. 작물마다 어울리는 환경이 있고, 그 자리를 찾아줘야 한다. 사람도 마찬가지다. 각자의 자리를 찾아야 꽃을 피운다. 그늘이 오래 머문 자리엔 열매도 머물지 않는다. 가지치기로 햇살을 불러내자, 여름은 다시 찾아왔고 블루베리는 빛 속에서 반짝였다.

 아빠의 손에서 시작된 정원은, 세월을 거치며 가족 모두의 시간이 쌓이는 자리로 자라났다. 지금도 그 나무 아래서, 쪽빛 진주 같은 여름이 익어간다.

닫는 글
방치의 생태학과 시간의 정원

아침 설거지를 끝내고 커피 한 잔을 타서 연못정원 돌다리에 앉았다. 아빠의 정원에서 가장 아름다운 장소다. 몇 년 사이에 급성장한 벚나무 가지가 돌다리 위로 절반쯤 늘어져 그늘을 드리운다. 여름 낮에 이곳에서 더위를 식히며 낮잠 한숨 자도 좋겠다.

작년 가을까지 30년 넘게 야외결혼식 무대 옆에서 자라던 매화나무가 올봄엔 꽃을 피우지 못했다. 인동초 덩굴이 무대와 매화나무를 뒤덮었다. 이른 봄의 매화향 대신 5월 끝자락을 인동초꽃 향기가 가득 채운다. 야외무대 바닥은 더 이상 보이지 않는다.

무대 주변에 심어놓은 동백나무들은 어느새 무대 높이를 두 배 가까이 넘겨 초록 장막을 쳤다. 그 사이를 뚫고 덩굴장미가 붉은 들장미처럼 인동초 사이로 피어났다. 연못 둘레돌은 이끼와 풀이 덮어 수면과 맞닿은 부분만 살짝 드러난다. 태풍에 대비해 우듬지를 잘라낸 히말라야시다 두 그루. 은녹색 침엽이 촘촘하게 달린 잔가지를 수양버들처럼 드리우며 연못에 은은한 그림자를 내린다.

초록을 뚫고 보랏빛 엉겅퀴꽃, 철 지난 다홍 철쭉이 드문드문 얼굴을 내민다. 유풍관광농원이 한창일 무렵, 연못가 둘레돌 틈에서 거북이 모양으로 다듬어져 자라던 눈향나무는 오랜 세월 사람 손을 비껴가며 뱀꼬리처럼 길게 가지를 뻗었다. 고구려 강서대묘 사신도 속 현무처럼, 거북이와 뱀이 뒤엉킨 형상이다. 그 머리 위로 인동초 꽃이 화관처럼 피어 있다. 돌다리 양쪽 뚝향나무 두 그루는 이제 곧 마주칠 듯 가지를 뻗는다.

집 입구 쪽의 연못은 테라스 앞 암석정원 돌틈에서 흘러나온 지하수가 채운다. 야외무대 쪽 타원형 연못은 그 물이 수로를 따라 흘러가며 이어진다. 자연 속의 계곡처럼 정원석을 놓은 수로는 폭 1m, 길이 서른 걸음 남짓. 암석정원 연못에는 토종 연잎이 수면을 덮고, 무대 쪽 연못엔 아직 연이 번지지 않아 물속 분수대가 들여다보인다. 연못의 모양은 낚시를 좋아하는 아빠가 참돔을 닮게 설계했다. 분수대는 참돔의 눈처럼 중심에 놓았다. 무릎 높이의 얕은 물에 붕어, 다슬기, 우렁이가 산다. 한겨울엔 물이 얼어붙어도, 이 생명들은 얼지 않는다.

연못가에서 돌다리 위로 가지를 뻗는 산벚나무. 4월의 연못을 연분홍빛 벚꽃잎으로 덮더니, 5월의 끝자락에 붉은 보석처럼 빛나는 버찌를 매달고 연못 위에 가지를 드리운다. 둘째 아이가 어렸을 땐 돌다리에서 까치발을 들고 가지를 휘어잡아 버찌를 따 먹었다. 검붉은 버찌를 한입에 털어 넣고 씨를 연못에 투두둑 뱉으면 붕어떼가 몰려든다. 고1이 된 지금도 입가에 검붉은 버찌물이 들 때까지 벚나무 곁을 떠나지 못한다.

손바닥에 버찌 한 줌을 초여름의 시어(詩語)들처럼 뿌려놓는다. 팀 마이어스의 그림책 『시인과 여우』에 나오는 여우처럼 눈을 지

그시 감고 앉아, 까맣게 농익은 버찌를 하나씩 천천히 맛본다. 버찌 한 알 혀 위에 올려놓고 입천장에 지그시 누르면 달콤하고 자극적인 맛이 입안에 번진다. 버찌의 단물 속에서 흩날리는 벚꽃길의 추억이 켜켜이 겹쳐진다. 남편과 걸었던 여의도 벚꽃길, 엄마와 함께했던 진해 군항제, 섬진강 벚꽃길에 번진 벗님들의 웃음, 버찌 물이 묻은 아이들의 입술.

그 모든 기억은 결국 이 정원으로 이어진다. 버찌의 감질 나는 과육, 달콤쌉싸름한 맛이 유풍농원에 사는 우리 가족들, 누구보다 아빠의 삶과 이어진다. 입 안 가득 번진 버찌의 여운처럼, 연못 위에도 오래된 시간의 그림자가 드리워진다. 유풍농원의 정원은 가족정원이 되었지만, 이 정원이 한때는 사람들로 북적이던 야외무대였다는 사실을, 이제는 연못 속 멈춘 분수대만이 조용히 말해준다.

이 연못정원을 설계하고 돌보며 삶의 가장 치열한 장면을 이곳에 새긴 아빠. 유풍관광농원이 한창이던 시절, 정원은 사람들로 가득 찼다. 향어가 물살을 가르며 돌아다니고, 분수대가 햇살을 부수며 솟아오르던 날들. 꽃장식을 두른 무대는 결혼식 사진 촬영을 기다리는 사람들로 떠들썩했다. 연못 돌다리에 걸터앉은 사람들의 표정에는 봄날처럼 환한 웃음이 피어났다.

그 모든 장면은 이제 아빠의 내면에서만 되살아난다. 분수대는 멈췄고, 향어도 사라졌다. 사람들이 떠난 무대는 박수와 환호성 대신 잎새의 흔들림과 물소리로 채워졌다. 무대 곁, 꽃을 피우지 못한 매화나무와 뒤엉킨 덩굴들. 풍경은 변했지만 정원의 구조는 그대로다. 마치 막이 내려진 후 무대 위에 남은 소품처럼, 제 자리를 지키고 있다.

그 시절이 끝났다는 걸 아빠도 안다. 그럼에도, 무대의 커튼을 내리지 못한 연출가처럼 그 자리를 떠나지 않았다. 감당하기 힘든 빚을 져서라도 이곳을 지켰다. 아빠가 버티고 선 유풍농원에 가족들이 살아가고 있다.

묵묵히 나무를 가꾸는 아빠의 손길은 아직 무대 위에 있는 배우의 손동작 같다. 손길은 느려졌지만, 돌보는 마음은 여전하다. 이따금 아빠는 정원 일을 멈추고, 연못에 드리운 벚나무 그늘 아래 선다. 말없이 수면을 응시하는 그 눈빛은, 분수대가 다시 물을 뿜어줄 거라 믿는 아이 같다. 수면 아래, 과거의 풍경이 물그림자처럼 언뜻언뜻 비친다.

아빠의 정원은 사랑받는 곳이었다.

아빠는 무대 뒤에서 여전히 조명을 닦으며, 다음 장면을 기다리는 중이다.

2부

할머니의 정원 십계명

여는 글
손끝에 새긴 계절의 법칙

나의 할머니 이순복(李順福) 여사는 1928년 전라남도 곡성군 겸면 현정리 외갓집에서 태어났다. 5남매의 맏딸이다.

몸집은 작지만 바지런한 손, 단아한 얼굴에 넓은 이마, 자상한 눈매와 오똑한 코, 야무진 입으로 뿌리 깊은 나무처럼 삶을 단단히 지탱해왔다. 강인함과 따스함을 겸비한 할머니는 일제 강점기 속에서도 배움의 끈을 놓지 않았고, 6.25전쟁과 마을 대화재를 겪으면서도 가족을 정성껏 돌봤다. 조곤조곤 구성진 할머니의 목소리에는 시대의 기억과 가족의 역사가 고스란히 담겨 있다. 이야기를 들을 때마다 한 권의 책을 펼치는 듯하다.

할머니는 시인이다.
아흔 살이 넘은 나이에 문학반에서 나와 함께 시 공부를 시작했다. 굴곡진 인생을 세심하고 다정한 시선으로 풀어내 잃어버린 시간을 되찾아갔다.
1943년, '큰애기 공출'(일본군 위안부 차출)을 피하려고 통명산 산중 마을로 시집가는 길도 한 편의 시로 남았다.

정월 열하룻날
삽쟁이 전빵 앞에서 버스 타고
부릿재에 오후 새때쯤 도착해서
장정들 가마 타고 비딱지 넘어가는데
그때 신랑이 같이 갔는지 기억도 안 나

어머니가 해준
명주베 초록저고리
꽃자주 치마 밑에
오동색 물들인 바지에
살짝 하늘색 나는 단오 입고

일곱 폭 자락치마
추울 때 입으라고 솜저고리
막 빨아 입는 배기저고리
여름 삼베옷
봄철 가을철 무명 적삼
고쟁이 단속곳
입고벗고 두 벌씩
버들고리짝에 담아
동네 장정이 짊어지고 와서는
얼룽펀덕 삐둘키장에 옮겨 놓았지

입덕지기 이바지떡
콩가루 고물은 시어메한테 볶인다고
흰 팥고물 인절미로 하고

집안에서 젤로 젊고 이쁜 대반
친정 큰어머니 며느리 손잡고
가마에서 내렸지
색시가 코도 이쁘고 이마도 이쁘다고들 하는데
호랭이가 달칵 주서먹을 동네 뒤 외딴집이었지.

이순복, 「시집가는 날」

할머니는 정원사다.
할머니의 손이 지나간 자리마다 흙이 살아 숨 쉰다.
100년 가까운 세월을 살아온 할머니의 정원은 할머니를 닮았다. 소박해보이지만 계절마다 다른 빛깔과 결을 품는다. 해마다 세력을 떨치는 식물종이 달라진다. 비가 많은 해엔 더덕과 노랑꽃창포와 자주달개비, 일조량이 많을 땐 작약, 사랑초, 우단동자꽃이 번성한다. 키 작은 화초들은 히말라야시다, 동백나무, 화살나무, 영산홍, 고로쇠단풍, 청단풍, 산철쭉, 금식나무, 꽃댕강나무, 제피나무, 목수국 등의 목본식물들이 된서리와 찬바람을 막아줘 초겨울까지 꽃을 피울 수 있다. 밭작물처럼 한 가지 꽃으로 뒤덮인 꽃밭보다 서로 다른 종끼리 어우러져 나고 지는 자연스러운 정원이 좋다.
할머니 방 창문 바로 앞에서 세로로 열댓 걸음, 가로로 쉰 걸음 정도 크기의 정원 안에 상사화, 괭이밥, 사랑초, 복수초, 국화, 제비꽃, 돌나물, 맨드라미, 패랭이, 작약, 자주달개비, 노랑꽃창포, 장미, 비비추, 맥문동, 털중나리, 백합, 아스파라거스, 더덕, 도라지, 머위, 들깨, 고들빼기, 수선화 등의 초본식물이 함께 살며 어우러져 번갈아 피고 진다. 수십 가지의 식물 종이 모여 사는 모습에서 풍요로움과 한계 없는 공존의 아름다움을 느낀다. 퇴비나 비료를 준 적도 없다. 사람이 하는 일이라곤, 나무가 너무 우거지면 최소한의 가지치기를 하고, 풀을 뽑고, 봄이 되면 새 식물 가족을 몇 종 들이는 일이 전부다. 나머지는 모두 자연에 맡긴다. 4월엔 동백꽃이 무더기로, 5월엔 영산홍과 철쭉꽃이 바닥을 덮을 만큼 떨어지고, 가을엔 단풍나무 낙엽이 켜켜이 쌓여 거름이 되고 한겨울 담요가 된다.

자크 타상이 쓴 책 『나무처럼 생각하기』의 문장이 떠오른다.
"토양의 척박함은 식물의 증식에 안정을 주고 구성물 각각이 조화롭게 공생하도록 한다."*
"결핍이 오히려 종의 다양성을 만드는 식물의 세계"**처럼 사람 사는 세상도 마찬가지다.

할머니가 세심한 손길로 보살피는 정원에서 다양한 식물들이 복작복작 자연스럽게 뒤섞여 자라는 모습을 보면 어린 시절이 떠오른다. 우리 4남매는 엄마 젖을 떼자마자 할머니 방에서 같이 지내면서 잠자리에 들 때마다 서로 할머니 팔베개를 차지하려고 엎치락뒤

---

* 『나무처럼 생각하기』 자크 타상, 55쪽, 더숲, 2019.
** 같은 책 54쪽.

치락했다. 할머니 팔베개를 하고 젖무덤을 만지작거리며 잠드는 시간이 좋았다. 할머니는 자손이 귀한 집안의 며느리로 들어와 외동아들을 키워 한 명의 손자와 세 명의 손녀를 보았으며 차별 없이 사랑으로 아꼈다. 4남매 모두 잘 자라 서울에서 대학과 직장을 다니다가 그중 셋이 고향으로 다시 돌아왔다. 할머니 품을 그리워하는 마음, 그리고 이 정원에 다시 심기고 싶은 마음 때문이었을 것이다.

할머니의 정원에는 토종이든 외래종이든, 심지어 생태계 교란종이라 불리는 풀과 꽃까지도 제 몫을 하며 살아간다. 각기 다른 재료가 비빔밥 안에서 본연의 맛을 지키면서도 어우러져, 새로운 맛을 만들어내는 것처럼. 할머니의 정원은 그렇게 다양한 생명을 품어 건강하고 풍요로운 생태계를 만들어왔다.

할머니는 지혜로운 사람이다.

할머니는 길쌈하듯 손끝으로 삶을 삼고, 등으로 계절을 견디며 살아왔다. 그 세월을 함께한 식물들에는 할머니의 말과 표정, 일상의 몸짓이 스며 있다. 그래서 나는 상사화 한 송이 앞에서, 쑥을 캐는 순간에, 잔대꽃을 바라보는 눈빛 속에 깃든 이야기들을 풀어놓으려 한다.

할머니의 정원 십계명은 단순한 정원 관리법이 아니다. 계절과 더불어 살아온 한 사람의 생애 기록이며, 세대를 넘어 전해지는 삶의 지혜. 그 모든 이야기는 결국 한 자리에 모여 든든한 뿌리를 내린다. 거기서 돋아난 가지와 잎, 꽃과 열매는 나에게 길잡이가 되고, 언젠가 또 다른 손으로 이어질 씨앗이 된다. 그 씨앗은 땅에 스며들어 때가 되면 또 다른 정원에서 피어날 것이다.

제1계명

뻘로 볼 게 아니구만—네메시아

"아갸, 꽃 한 폭시가 저렇게 이뻐. 아따 좋다야. 뭔 꽃종자가 저렇게나 좋아. 참말로 색도 좋다. 요상하네. 똥꾸녁 하나에서 저렇게나 번져서 꽃이 많이도 피네. 옹졸옹졸 잘잘한 꽃이 이쁘고도 어뜨게 한 폭시에서 그런다냐. 내년에는 화분이 꽉 차겠네. 뻘로 볼 게 아니구만."

할머니가 테라스 난간에 기대어 서서, 올해 새로 가족이 된 네메시아에게 칭찬 샤워를 퍼붓는다. 아흔일곱 번째 봄이다. 작년 5월에 허리를 다쳐 몇 달 동안 병원생활을 하다가 퇴원했지만, 겨우내 식탁에 앉는 시간 외엔 대부분 누워 지냈다. 틀니를 끼운 잇몸뼈에 생긴 염증까지 겹쳐 음식을 씹는 일조차 고된 일이 되어 기력이 더욱 쇠약해졌다.

4월 중순, 봄꽃이 정원에 피어나기 시작하자 할머니는 다시 나물 바구니를 들고 바깥으로 나섰다. 된장과 물엿으로 조물조물 무친 머위나물 덕에 입맛이 되살아났기 때문이다.

할머니 방 앞, 햇볕이 오래 머무는 테라스 정원은 우리 집에서 봄이 가장 먼저 오는 곳이다. 두 그루 태산목과 오두막만큼 자란 동백나무, 그리고 진달래와 생강나무, 꽃댕강나무가 바람을 막아주는 덕분이다. 이곳은 부지런한 할머니가 보살펴 온 정원답게 정갈하면서도 빽빽하게 생명이 들어찬 작은 숲이다.

　노지(露地) 화분 열일곱 개에 더덕, 도라지, 작약, 국화, 소나무 분재, 홍단풍이 자란다. 그 옆에 소가 엎드린 모양의 커다란 정원석 주변으로 연달래, 상사화, 백합, 우단동자, 아스파라거스, 비비추, 자주달개비, 어린 제피나무가 산다. 고추나 들깨 모종이 남으면 할머니가 빈 화분에 심어 가꾼다. 겨울을 지내고 나면 꼭 한두 개쯤 화분이 비어 풀로 가득 찬다. 그 화분들에 어느 해엔 메리골드가, 어느 해엔 부추가 자란다. 올해는 봄정원 외출이 한참 늦어진 할머니 대신 내가 일찍부터 빈 화분 두 개를 차지했다. 마른 들깨 등치를 뽑아내면서 혹시 더덕 뿌리가 잠자고 있는지 흙을 뒤집어 보고, 화목보일러에서 나온 묵은 재와 장작더미 아래에 쌓인 나무껍질 부식토를 파서 화분 흙에 섞어놓았다.

　3월 초, 복수초꽃을 기다리다 지쳐서 새로운 화초를 주문했다. 올망졸망 꽃망울을 가득 맺은 네메시아가 신문지와 화장지를 겹겹이 껴입은 채 배송되었다. 고양이가 늘어질 만큼 따사로운 오후, 미리 준비해둔 커다란 화분에 옮겨 심었다. 노지 월동식물이라는 설명서를 보았지만, 온실에서 자란 화초라 마음이 놓이지 않았다. 꽃샘추위에 저녁이 되면 종이상자 덮개를 닫고, 아침엔 열며 한 달을 보냈다. 몇 번의 눈보라에도 여린 꽃봉오리가 얼지 않은 게 대견했다. 꽃망울이 터지길 간절히 기다렸다. 낮 기온이 15도 가까이 올라

네메시아

갔지만, 새벽 기온이 영하로 떨어져 버리는 바람에, 꽃봉오리를 닫은 채 잠든 듯했다.

4월이 되자, 옆 화분에서 돌나물을 닮은 황금세덤이 부풀고, 네메시아가 향기로운 분홍꽃을 쉬지 않고 피웠다. 봄비를 맞을 때마다 새 줄기로 가지를 벌리더니 꽃이 풍성해졌다. 연한 빈티지 분홍에서 살짝 덜 여문 팥색으로 진해졌다. 새로운 땅에 이주해 안정적으로 뿌리를 내린 것이다. 꽃다발처럼 모여 피는 자잘한 꽃송이들을 손끝으로 살짝 건들면 달콤한 꽃향기가 진하게 퍼졌다. 아직 신입인데도, 원래부터 거기 있었던 것처럼 다른 식물들과 어우러졌다.

할머니는 날마다 화분을 들여다보며 감탄했다. 칭찬 덕에 네메시아꽃은 더 풍성하게 피어났다. 5월, 갑자기 들이닥친 비바람에 꽃가지가 땅에 닿을 듯 휘었지만 괜찮다. 뿌리내림을 돕는 할머니의 손길이 있으니까.

정원사 대선배인 할머니는 새로운 식물이 들어오면 보자마자 척척 제자리를 찾아준다. 자연과 함께 살아온 오랜 연륜 덕분이다. 나는 정원을 돌보며 산 지 10여 년 된 초보라서 봄이면 야생화 씨앗과 화초 모종과 꽃나무를 잔뜩 주문해놓고도 심을 자리를 살피는 데 일주일 이상을 보낸다. 가볍게 산책할 마음으로 정원을 거닐다가 잡초를 뽑아내고는 '아, 여기가 좋겠다' 싶어 맨손으로 주변에 있는 막대기나 뾰족한 돌로 땅을 파서 심을 때도 있다. 윤기 나는 진초록 잎의 빈카마이너를 보고 양지식물로 짐작해 햇살 좋은 곳에 심었다가 뒤늦게 반그늘에서 자란다는 정보를 듣고 옮겨 심었다.

올봄 테라스 화분에 심은 카랑코에 유니플로라와 삭소롬은 강한 햇빛에 화상을 입었다. 식물이 모두 햇빛을 좋아한다는 건 지독한 편견이다. 식물에 따라 물을 주는 방식과 주기가 다르듯 광도도 마찬가지다. 머리로는 알아도 몸으로 하는 일은 더디 걸린다. 행동이 우둔한 나 때문에 꽃 한번 피워보지 못하고 흙으로 돌아간 수많은 화초들에게 진심 어린 조의를 표한다. 정원지기답게 손톱 밑에 낀 까만 흙이, 초록빛 손톱달이 부끄럽지 않을 때까지 부지런히 배우고 보살펴 그들의 죽음을 헛되이 하지 않으려 한다.

사람도 마찬가지다. 같은 부모에게서 태어난 형제라도, 동일한 방식으로 키우기 어렵다. 할머니는 평생을 하나뿐인 아들을 위해 살았지만, 사랑을 직접 표현하지 못했다. 아들에게 주지 못한 사랑을 손주들에게 아낌없이 쏟았다. 눈을 맞추고, 안아주고, 예쁘다고 말해주었다.

2023년, 아흔다섯 번째 생일을 한 달 앞둔 추석 무렵, 할머니에게 갑자기 섬망 증상이 찾아왔다. 지팡이 없이도 군내버스 타고 혼자 병원에 다니고, 부엌일도 곧잘 했는데, 그날 이후 가족들도 잘 못 알아보고 변기 사용법, 휴대전화 사용법, 물 마시고 양치하는 방법까지 모조리 다 잊어버렸다. 다행히도 사흘 만에 거의 회복되었지만 그 이후로 기억력과 사고력이 눈에 띄게 떨어졌다.

상태가 언제 또다시 나빠질지 몰라 그해 생일 때 온 가족이 곡성 집에 모였다. 할머니가 좋아하는 코다리해물찜으로 시끌벅적 즐거운 식사를 하고, 곡성 충의공원 언덕 위 백일홍 정원을 산책했다.

오르막길이 길었지만, 형부가 휠체어를 준비해온 덕분에 휠체어를 서로 밀어주겠다고 나서는 손주사위들과 증손주들에게 둘러싸여 백일홍 꽃밭에 올랐다. 할머니는 몇십 만 평 규모로 구비구비 펼쳐진 꽃밭 앞 벤치에 손주들과 나란히 앉아 "곱다, 곱다!" 하며, 활짝 핀 백일홍꽃처럼 고운 미소를 지었다.

올해는 단기기억상실 증세까지 겹쳤다. 바로 전에 했던 말이나 행동도 잊어 당황할 때가 많지만, 테라스에 앉아 정원에 핀 꽃을 바라볼 때만큼은 얼굴에 웃음이 번진다. 꽃을 보고 웃는 할머니를 위해 새로운 화초들을 테라스 화분에 들였다. 진분홍 비단초롱 모양 꽃을 조랑조랑 매단 보로니아, 실처럼 가늘고 긴 꽃대 끝에 나비 날개 같은 보라색 꽃을 피우는 삭소롬, 함박웃음과 함께 달콤한 향기를 퍼뜨리는 향수선화. 새로운 꽃을 볼 때마다 아이처럼 신기해하며 무슨 꽃이냐고 묻고 또 묻는다. 그리고는 어김없이 "예쁘다, 곱다."를 되뇐다. 같은 말을 거듭해도, 그 말은 매번 다르게 들린다. 오히려 그 다정한 반복 덕분인지, 신입 화초들이 금세 풍성해지고 기대 이상으로 오래도록 꽃을 피운다.

오늘 햇살 속에서 피는 꽃은 어제와 다르다. 그 꽃을 바라보는 할머니의 눈빛도 매일 새롭다. 나는 그 시선의 깊이를, 할머니의 정원에서 배운다.

"뻘로 볼 게 아니구만."

이 말은 식물에게만이 아니라, 나에게도 건네는 인생의 계명이다. 식물도, 사람도, 자세히 들여다봐야 비로소 진짜 얼굴을 보여준다. 어떤 빛을 좋아하는지, 어떤 바람에 몸을 여는지, 그 마음을 알고 나서야 온전히 돌볼 수 있다.

테라스 앞, 햇살을 받은 네메시아꽃이 바람결에 살랑인다. 잔뜩 모여 핀 자잘한 꽃들이 서로 몸을 기대며 환히 웃는다. 봄의 열기를 퍼뜨리는 붉은 철쭉꽃과 초록 분수처럼 치솟는 긴 백합줄기 사이, 할머니처럼 아담하고 사랑스러운 네메시아는 봄정원에서 가장 오래 눈길을 끄는 꽃이다. 정원도 사람도, 뻘로 보지 말아야지! 예쁜 것은, 자세히 본 사람의 마음 안에서 피어난다.

시인의 마음이다. 할머니의 시에는 논들이 인물처럼 살아 있다. 논, 물길, 바위, 당산나무, 지명 하나하나 할머니의 소중한 자식처럼 담겨 있다. 금계마을 대대로 지어온 귀한 논다랭이들이 눈에 선하다.

> 시암 밑에 퐁퐁 빠지는 구렁실 우리야 두 마지기
> 종갓집 논 서너 마지기
> 제각산 마을 옆에 시암골 한 마지기
> 고 밑에 산 돌아 구시툼벙거리 솔찬히 많은 댓 마지기
> 저짝으로 불당골 마지기랄 것도 없이 다랭이 다랭이 쬐께
> 불당골 올라가는 길 삼박실 종갓집 논 서너 마지기
> 고 댐이 자낭골 나락 두어 짐 나오는 두 다랭이
> 왼쪽으로 수작골 엿 마지기
> 고 아래가 대실다랑지 우리 논 서너 마지기

물이 쩌적허니 나와 보리도 못 갈아먹는 두어 마지기
질로 너른 들이 건네터우 스무 마지기
당산나무 아래 엉이 진 법수거리 양할머니 친정 논 두 마지기
우리 논 두 마지기
물이 좋은 너 마지기
코신바우 올라가 또랑 가상에 방애실거리 두 마지기
고 위로 제각산 밑에 산중 논다랭이 일고여덜 마지기
위아랫동네 지어 먹고 산 아랫몰 댓 마지기
금계 올라가는 길 숫국골 서너 마지기
아랫당산 옆 질가상에 월경 정씨들 종답 너 마지기
시암물 좋고 동네서 가차운 일근바우 우리 논 두 마지기
부잣집 논 서 마지기
끝이여.

이순복, 「통명산중 골짝 논다랭이들」

제2계명

꽃이 그렇게나 좋게 피더니―동백꽃

벚꽃이 정점에 이를 무렵, 정원은 조용히 낙화를 준비한다. 동백이 붉은 꽃송이를 툭툭 떨군다. 4월의 땅은 마치 누군가의 죽음을 기념하듯 붉게 물든다. 할머니 정원의 다섯 그루 동백나무 아래, 더덕과 잔대 새순이 피어난다. 붉은 꽃잎의 무덤 위로, 봄의 숨결이 고개를 든다. 죽음의 흔적과 생명의 기척이 같은 땅에서 숨을 쉰다.

"꽃이 그렇게나 좋게 피더니…… 아직도 곱구만. 울 애기도 얼매나 이뻤는데. 그 어린 것을 뒷산에다 그 찬 데다 묻은 걸 생각하면……."

그 말은 동백꽃처럼 조용하고, 또렷하게, 한 줄기 낙화처럼 가라앉는다. 할머니의 손이 떨어진 꽃들 사이로 올라오는 잔대 새순을 가만히 어루만진다.

봄은 언제나 무언가를 데려오고, 무언가를 데려간다.
자손이 귀한 집안에 시집온 할머니, 순복은 열아홉에 첫아들을 품에 안았다. 남편은 양자였고, 아들이 태어난 건 그 집안에 드문 경사였다. 시어머니가 기뻐하며 말했다.
"인자 우리도 식구가 다섯 명이 되었구나."
들일을 마친 시아버지가 돌아오면 애를 번갈아 안고 어르며 노래를 불렀다.

화구영산 알밤인가
둥개마천 곶감인가
어디 갔다 인자 왔는가
어화둥둥 내 사랑아

친정아버지가 누비포대기를 보내왔다. 한쪽은 파란색, 다른 쪽은 꽃자주색. 시어머니는 그 처녀포대기로 아기를 업고, 동네를 돌며 자랑했다.
"보시오, 보시오. 울 애기 좀 보시오."
봄은 그렇게 시작될 줄 알았다. 그러나 아기는 봄이 오기 전에 떠났다. 꽃샘추위가 맴돌던 날들이었다. 순복은 아이를 살리기 위해 시아버지가 지어다준 한약을 달여 수저로 떠먹였다. 탕약이 아이를 살릴 수 없었다는 사실이, 그 후로 평생 한약을 멀리하게 만들었다.
아이를 묻은 건 뒷산. 빛이 잘 드는 언덕 어디쯤이다. 순복은 지금도 그 아이가 부엌을 들여다보던 눈빛을 기억한다.
정원은 그 이후에도 자랐다. 첫 생명이 땅에 묻히고, 다음해에 둘째가 태어났다. 모내기를 마친 여름, 품에 안긴 생명. 그 아기가 바

동백꽃

로 나의 아빠다. 순복은 그렇게 다시 숨을 쉬었다.

 여름은 쉬 지나가지 않았다. 그해 여름이 끝나갈 무렵, 시어머니 병세가 깊어졌고 폐병이라는 진단을 받았다. 막내아가씨의 결혼식 준비로 분주했지만, 방 안에서는 시어머니가 아들과 며느리의 손을 각각 꼭 잡고 마지막 말을 남겼다.

 "우리 아들같이 좋은 아들, 우리 며느리같이 좋은 며느리…… 기달토 않아 아들 쑥쑥 낳고…… 내가 처녀포대기로 업어줄라고 하는디…… 며늘아가, 울 애기 울리지 말고 키워라…… 느그 아버지는 성질이 급한 게 그런 줄 알고 살아라……."

 그때 아랫방에서 아기 울음소리가 들렸고, 순복은 아이에게 젖을 물리기 위해 자리를 떴다. 그 사이, 시어머니는 숨을 거뒀다.

 그날 밤, 한쪽에선 신랑을 맞았고 다른 한쪽에선 초상을 치렀다. 마당엔 모닥불을 피웠고, 동네사람들과 친척들이 둘러앉아 죽은 이를 위로했다. 방에선 아기가 젖을 문 채 잠들었다.

 죽음과 삶이 문 하나를 사이에 두고 숨 쉬던 밤. 나는 가끔 그날 밤을 상상한다. 어두운 마당, 불빛 위로 날리는 잿빛 연기, 그리고 한 손에 아기를 안고, 다른 손으로 망자의 이불자락을 덮는 여인. 그녀의 뒷모습은 지금도 봄마다 정원 바닥을 붉게 물들이는 동백의 낙화와 닮았다. 떨어져도 다음 생을 품는다.

 할머니의 봄정원에 붉은 동백꽃이 송이째 떨어지고, 영산홍꽃이 장렬하게 눕는다. 정원은 그 꽃들을 거름 삼아 또 다른 생명을 키운다. 상사화, 사랑초, 자주달개비, 우단동자 같은 여러해살이 화초들이 두텁게 쌓인 낙엽 아래에서 겨울을 이겨내고 봄이면 가장 먼저 초록빛을 꺼낸다. 이어서 봄비에 축축해진 낙화와 낙엽 사이로 더덕, 도라지, 잔대가 새순을 틔운다.

  떨어지는 것과 자라는 것이 늘 함께 있는 정원. 죽음이 문을 닫는 동안, 누군가는 다시 뿌리를 내린다. 슬픔도, 사랑도, 기억도 그 자리에서 잎을 틔운다. 할머니의 삶도 그러했다.

제3계명

나눠 먹을라고 하는 거여—쑥

봄이 들면 가장 먼저 떠오르는 나물은 쑥이다. 양지바른 길가, 공터, 밭두렁, 돌계단 틈새마다 무리 지어 자라는 쑥은 이름처럼 '쑥쑥' 자란다. 줄기와 잎은 거미줄 같은 털로 덮여 있고, 땅속줄기는 옆으로 뻗으며 퍼져나간다. 동서고금을 막론하고 오랫동안 인간 곁에서 따뜻한 쓴맛으로 상처를 덮고 속을 덥혔다.

우리 집은 제초제를 쓰지 않아 온통 쑥밭이다. 아무리 뽑아내도 봄이면 어김없이 빛이 잘 드는 정원 곳곳에 모습을 드러낸다. 할머니는 봄이 되면 틈틈이 쑥을 뜯어 모은다. 올봄에도 쑥이 청회색 새순을 올릴 때쯤 오랜 침대생활을 접고 정원으로 나왔다. 할머니가 테라스 앞 정원으로 내려와 먼저 살핀 곳은, 영산홍 아래 쑥이 나는 곳이었다. 겨울에도 볕이 잘 들고 마른 풀이 폭신하게 깔려 있어 우리 집 반려묘들의 낮잠터다. 연못정원으로 내려가는 돌계단 초입에도 쑥이 빨리 나온다. 계단에 편히 앉아 쑥을 뜯는 할머니의 뒷모습은 봄의 풍경이다.

며칠 동안은 집 앞 정원에만 다니시다가 쑥된장국이랑 머위된장무침으로 입맛을 찾고 나서는 집 뒤 장독대까지 진출했다. 들지도

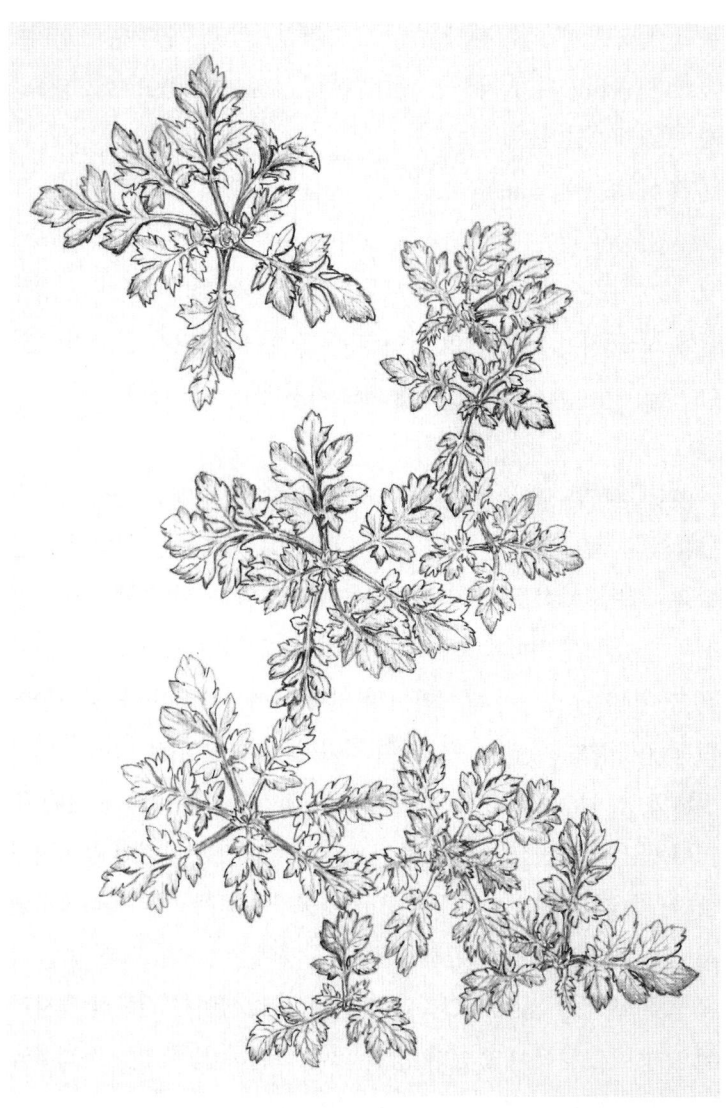

쑥

못할 정도로 쑥을 한 망태 뜯어놓고 가져가라고 "은희야, 은희야!" 불렀다. 쑥바구니가 자꾸만 쌓여가서 "이젠 그만 뜯으셔도 돼요." 해도, 금세 잊고 또 뜯어다 놓았다.

"쑥이 좋잖애. 국도 끓이고, 떡도 만들어 묵고."

어린 쑥은 끓는 물에 데쳐서 물기를 꽉 짜서 냉동실에 넣고, 5월에 대가 올라온 쑥은 모가지 부분만 꺾어 볕에 말려 보관했다. 냉동실에 쑥 뭉치가 너무 많이 쌓여 다른 걸 넣을 자리가 없을 정도였다. 결국 명절 때 떡방앗간에 통째로 가져다준 적도 있다.

옛집 정재간 앞마당에서 아빠와 일꾼아재가 떡메를 쳐서 쑥떡을 만들었다. 제사상만 한 강반 위에 김이 모락모락 나는 찰밥과 데친 쑥을 수북이 쌓아두면, 떡메가 쿵쿵 내려앉았다. 할머니는 손을 찬물에 담갔다가 떡메에 맞아 가운데가 움푹 파인 뜨거운 찰밥덩이를 모아 다독이고, 아빠는 타이밍 맞춰 떡메를 내리쳤다. 쿵떡쿵떡 리듬에 맞춰 쑥과 쌀이 으깨지며 하나가 된다. 손 위로 떡메를 내리칠까봐 조마조마하면서도 아빠의 떡메치기와 할머니의 손길이 주거니 받거니 하면서 맛있는 쑥떡으로 만들어지는 과정이 흥미진진했다. 떡메치기가 다 끝나면 고소한 콩가루를 뿌려 다독다독하면서 강반 위로 쑥떡을 판판하게 펼쳤다. 차례상에 올릴 떡과 두고 먹을 떡은 손바닥 넓이로 팔뚝길이 만큼 칼로 썰어서 길쭉한 직사각형 모양으로 다듬어 놓았다. 강반 옆에 나란히 앉아 있는 우리 4남매 입에, 할머니랑 엄마가 번갈아가며 한입 크기로 잘라서 콩고물을 듬뿍 뿌리고, 가마솥에 달여서 만든 조청에 푹 찍은 쑥떡을 쏙

쏙 넣어주었다. 만든 자리에서 바로 받아먹던 그 시절 쑥떡이 제일 맛있다. 설 명절이 지나고 굳은 쑥떡을 숯화로에 구우면 노릇노릇 구워지면서 부풀어 올라 그 또한 별미였다.

대학 시절, 반지하와 옥탑방을 전전하며 팍팍한 서울살이를 할 때도, 엄마가 보내준 쑥떡은 고향의 온기였다. 낯선 도시에서 느끼던 한기를 그 쑥떡이 달래주곤 했다.

할머니가 손수 지은 시에도 쑥의 기억이 짙게 배어 있다.

우리 클 때는 쌀이 적은께
떡에다 쑥을 많이 넣었어
봄에 파랄 때
벨라 안 뻐실 때
어덕 또랑 가상에 수북허니 날 때
파싹 말려서 싸 놨다가
설이 되면 삶아놓고
맵쌀을 담갔다가 건져서
쌀을 도구통에다 뽀수가서
체로 몽글게 쳐야 해
삶아놓은 쑥 하고 쌀가리 하고 버무려
시루에다 부서서 폭 익게 쪄
시루째 가져다 확독에 붓고
남자들은 떡메로 치고
여자들은 우겨 넣고

쾅쾅 치고 또 치고
몽글게 쳐지면
나무암반에 콩가리 깔고 부셔서
곱게 다둑다둑
손으로 반드랍게 매끔하게 만져서
칼로 잘쭉허니 오만치썩 썰어서
버들로 만든 모지비에 담아
뒤안에 뒀다가
설 제삿상에는 안 올리고
상에 놀 찰떡이 적은께
사람들 오면 나눠 먹을라고 하는 거여
쌀이 적을 때라 쑥이 많이 들어가서
아그들이 쑥떡 먹고 간 뒤에 보면
쑥이 씹힌께 못 묵고 꼭꼭 씹다가
구석지에 쑥찌갱이를 살째기 뱉어놓고 가고 그랬어.

이순복, 「쑥떡」

여름이 되면 쑥은 또 다른 용도로 쓰인다. 장마철에 쑥이 쑥쑥 자랄 때 낫으로 베어 말려 양파망에 넣고 뒤꼍에 건다. 늦은 여름밤, 테라스에서 저녁을 먹을 때 바비큐통에 쑥불을 놓는다. 생쑥을 섞으면 화르륵 타지 않고 은은한 연기만 퍼져 모기 퇴치에도 그만이다.

추석 음식의 주역인 송편을 만들 때도 쑥을 넣는다. 방앗간에서 쌀가루를 빻아다가 봄에 데쳐 냉동해둔 쑥을 꺼내 섞고, 끓인 물로 반죽을 한다. 송편 속으로는, 직접 농사지은 고소한 참깨와 설탕을 섞은 것과 햇밤을 까서 준비한다. 4대가 한 식탁에 모여앉아 시끌벅적 송편을 빚는다. 아빠와 남동생은 뒷산에서 솔가지를 꺾어다가 솔잎을 따서 준비해둔다. 쑥향이 가득한 송편을 솔잎에 얹어 찌면, 향긋한 내음과 함께 한가위가 집안 가득 퍼진다. 뜨거운 김이 나가고 나서 참기름을 발라 먹으면, 고소하고 달콤한 맛이 쫀득쫀득 씹힌다. 아이들이 조물락거리며 만든 못난이 송편은 기념사진도 찍기 전에 아이들 입속으로 사라진다.

3, 4월이 지나면 쑥은 나물의 지위에서 정원과 밭두렁에서 제거 대상 1위의 지긋지긋한 잡초로 강등된다. 그래도 할머니는 쑥만 보면 뜯어다 말려놓는다. 제초제를 뿌린 밭에서 가장 먼저 되살아나고, 한 포기만 남아도 다음해엔 온 정원이 쑥밭이 될 만큼 번식이 빠르다. 죽음의 땅에서도 살아남아 푸르게 피어나는 쑥은 그 자체로 끈질긴 생명이다. 쑥의 맛은 곧 삶의 맛이다. 질긴 결을 따라 쓴맛을 견디고 나면, 그 끝에 돋아나는 건 봄처럼 따스한 위로다.

벌써 웃자란 쑥대를 다듬어 연한 속잎만 따담는 할머니 손! 손톱 밑에 풀물이 쌓이고 쌓여 흙빛이다.

"쌀뜨물 받아 놔라. 된장 풀어 쑥국 끓이면 좋아."

제4계명

약은 정성이 반이여—민들레

4월 중순, 민들레 꽃대가 하늘을 향해 길어지고 있다. 민들레가 갓털을 단 씨앗을 날려 보낼 준비를 끝낼 무렵이면, 천연항생제이자 소화제인 민들레환약을 만들기 위해 온 가족이 민들레를 캐던 날이 떠오른다.

10년 전 4월, 민들레가 꽃대를 올리며 막 존재감을 드러낼 때였다. 할머니가 닭장 가는 길에 핀 민들레를 뜯어 닭들에게 던져주며 말했다.

"보약이 지천으로 깔렸구만."

엄마가 닭장 둘레에 호박구덩이를 만들면서 거들었다.

"올해는 민들레로 환약을 만들어야겠네."

그해엔 유난히 흰민들레가 많이 피었다. 정원에, 닭장 가는 길에, 소나무 묘목을 심어놓은 묵정밭에, 길가에, 밭두렁에 잔뜩 자라고 있었다. 흰민들레가 이 정도니 노란 서양민들레는 그야말로 지천으로 피어 있었다.

민들레는 도시나 시골에나 발길에 채일 정도로 쉽게 볼 수 있는 잡초의 대표주자다. 환경에 따라 형태가 변한다는 건 적응력이 뛰

민들레

어나다는 것이다. 특히 적응이 뛰어난 귀화식물인 서양민들레는 보도블럭 틈새 한 줌도 안 되는 모래알과 먼지를 땅으로 삼아 봄부터 가을까지 끈질기게 피어난다. 민들레 씨앗은 갓털을 달고 오래된 건물의 갈라진 벽 틈새, 지붕 위, 옥상에까지 자리 잡아 싹을 틔운다. 틈만 나면 꽃을 피운다. 토종 흰민들레는 산과 들에 산다. 꽃도 작고 씨앗 수도 적은 데다 봄에만 꽃을 피운다. 산과 들을 개발하면서 서양민들레가 늘어나는 환경이 되었다. 서양민들레가 흔한 귀화식물이라고 천대받고 있지만, 서양민들레의 종소명인 'officinale'은 라틴어로 '약용'이란 뜻에서도 알 수 있듯이, 전통 있는 약용식물이다. 유럽에서는 민들레차나 샐러드로 먹는다. 우리나라에서는 어린 순을 묵나물로 하고 뿌리와 꽃은 약용으로 한다. 민들레는 염증을 완화시키는 천연항생제다. 열을 내리고 소변을 잘 나오게 하며, 소화 작용을 도와 위장을 튼튼하게 한다.

우리 집에서는 귀한 고들빼기 대신 쉽게 구할 수 있는 민들레로 김치를 담아 먹는다. 아빠도 밭에서 잡초를 뽑아낼 때 민들레만큼은 자루 안에 마르지 않게 모아두었다가 부엌에 가져다놓는다. 엄마는 양념 갈아서 김치 담는 게 쉬운 일인 줄 아냐며 투덜거리면서도 아빠가 캐다준 민들레로 맛있는 민들레김치를 만들어준다. 쌉싸레한 게 은근히 매력 있다. 아빠와 나의 둘째아들 범우는 뿌리만 골라 먹는다.

민들레는 줄기가 없고, 바소꼴로 퍼진 잎이 땅에 붙어 자란다. 잎은 톱니처럼 깊게 패어 있고, 뿌리는 몸보다 길다. 누가 건드려도

다 뽑히지 않고 다시 살아나도록, 땅속 깊이 뿌리를 내린다.

민들레는 얕은 삽질 한두 번에 자신을 내주지 않았다. 삽을 수직으로 깊게 찔러야 하고, 약이 되는 하얀 진액이 흘러나오지 않게 조심해야 했다. 처음엔 꽃봉오리 맺은 것만 캐다가 꽃도 약이라는 말에 욕심을 부려 꽃이 핀 것도 캤다.

"아이고 허리야."

"어깨 아파서 더는 못 파겠어요."

"이러다가 민들레 덕 보기 전에 골병 나겠다."

민들레를 캐는 건 땅을 파는 일이다 보니 여기저기서 신음과 불만이 터져 나왔다. 10kg 정도 되는 민들레를 캐고, 다듬고, 씻고, 마르기 좋게 쪼개어 널어놓는 데 이틀이나 걸렸다. 역시 할머니 말은 틀린 게 없다.

"약은 정성이 반이여."

볕 좋은 뚤방에 널어놓은 민들레꽃이 시들자 씨앗을 맺고 갓털이 생겼다. 바람이 불 때마다 하얀 갓털이 날아다녔다. 아이들은 신이 나서 입을 오므려 혹 혹 민들레 씨앗을 바람에 실어 보냈다. 할머니와 엄마는 한나절을 쪼그리고 앉아 꽃이 지면서 생긴 갓털을 하나하나 털어냈다.

할머니는 뭐든지 정성을 쏟는다. 두부 만들기, 모내기, 가을걷이, 겨울 빨래, 베 짜기, 누에 키우기 등. 그렇게 정성을 쏟은 일들은 할머니 몸에 새겨져 시로 태어났다.

깔딱시러
많이 헐라면 콩을 많이 담구고
쪼끔 헐라면 콩을 쬐께 담구고
한 예닐곱 시간 푹 불려야제
콩이 불면 멧돌을 납닥한 다라에 넣고
한 국자석 떠 부어 돌리면서
또 떠붓고 또 떠붓고
다 갈아서 가마솥에 콩물 끓여
콩물이 펄펄 끓어 불커오르면
자루에 콩물 떠 붓고
회회 자루 주댕이를 틀어 묶어
큰 다라 우에 발을 얹고
주걱으로 눌러 비지를 짜내
간수를 많이 찌클면 두부가 단단하고 짜고 안 맛나
받친 콩물에다 간수를 살살 뿌려 저스면
멍컬멍컬 에리제
다라에 두 가쟁이진 채떨이 놓고
네모 빤듯한 나무 상자에 삼베 보자기 깔아
멍컬멍컬 에린 순두부 떠 부서서
상자에 딱 맞는 뚜껑 덮고
돌 얹어 두어 시간 눌러 노면
물이 빠져서 두부가 되제
칼로 그어 샘물에 담가 놓고

아침마다 새 물로 갈아 주면서
국 끓여 먹고 지져 먹어
양식 모자랄 때는 콩비지도 밥 위에 놔 묵고 죽 끓여 먹고
배추지 넣고 찌게 끓이면 꼬스름하니 묵을 만해
넉넉할 땐 사람도 묵는 것을
소 되야지 짐승한테도 나눠 주고 그랬제

다섯 동우도 더 들어가는 큰 가마솥딴지
인자는 헌집 앞에 걸린 채
썩어자빠져부렀어.

이순복,「두부 한 판」

'깔딱스러운' 일도 차근차근 야무지게 해내는 할머니의 솜씨로 다듬은 민들레를 일주일 동안 바짝 말려, 드디어 민들레환약을 만들어왔다. 암녹색을 띤, 딱딱하고 쓴 알갱이. 염소똥 닮았고, 묵은 흙냄새가 났다. 고생해서 만든 보약이니 가족 식탁에 두고 온 가족이 먹기로 했다. 그러나 약은 정성만으로 먹히지 않았다. 가족 누구도 약효가 날 만큼 꼬박꼬박 챙겨 먹지 않았다. 환절기에 비염과 감기에 고생하는 아이들에게 좋은 약이지만, 첫 시도에서 입을 헹궜다. 아빠는 스트레스성 소화불량이 생길 때만 엄마가 챙겨주어 먹었고, 다른 가족들도 날이 갈수록 민들레 만병통치약에 대한 열정이 식어갔다. 할머니가 가장 오랫동안 먹었다. 고생해서 만든 게 아깝다고.

염소똥 색깔의 딱딱하고 쓴 민들레환약을 잘 챙겨 먹는 건 힘든 일이다. 그 뒤로 1년 동안은 대가족의 넓은 식탁 위에서 이리저리 굴러다녔다. 그러다가 민들레약병이 슬쩍 사라졌지만 아무도 찾지 않았다. 민들레환약은 몇 년간 찬장 속을 전전하다 아무도 모르게 없어졌다. 사실은, 대부분의 한방약이 2년 정도 지나면 약성이 사그라든다고 들어서 내가 가족들 몰래 마늘밭에 뿌렸다. 거름이라도 될까 해서.

쓴맛을 다 삼키고 덕을 본 건 봄의 밭이었다. 이듬해 봄 다시 민들레꽃밭이 되는 걸 보았다. 민들레는 잘라낸 뿌리 한 조각에서도 싹이 난다. 감탄할 만한 생명력을 가진 민들레는 그렇게 또 뿌리를 내려, 쓴맛을 품고, 환한 모습으로 새로운 봄을 열었다. 그 쓴맛을 삼키지 못했던 날들을 지나 민들레꽃밭 앞에 서니, 노란빛이 눈부시다. 민들레환약은 거름이 되었고, 밭은 그 정성을 잊지 않았다.

꽃이 피는 것도, 병이 낫는 것도, 마음이 회복되는 것도, 결국은 오래 들이는 손길과 마음의 꾸준함에 달렸다.

제5계명
잘 다녀와라, 와—곤줄박이

검은 머리띠를 두른 듯 머리꼭대기에서 뒷목까지 윤기 나는 흑갈색이다. 턱밑과 멱도 새까맣지만, 뺨에는 노랗고 하얀빛이 감돌아 어딘지 모르게 밝은 인상을 준다. 사람 눈에 들기 좋은 얼굴이랄까. 참새보다 조금 작고, 행동은 더 재빠르며, 울음소리는 '치르치르' 귀뚜라미를 닮았다. 곤줄박이. 귀여운 이름에 딱 어울리는 새가 우리 집 신발장에 둥지를 틀었다.

2020년 초여름, 일곱 식구가 매일 드나드는 테라스 입구 신발장에 곤줄박이 부부가 자꾸 날아들었다. 처음엔 얼떨떨했다. 이리저리 움직이는 사람들이 많은 곳인데 왜 하필 여기일까. 천적이 무서워 사람 가까이 둥지를 튼다는 이야기가 떠올랐다. 나무집 외벽에 세워둔 신발장은 오래된 나무 선반이다. 흙 묻은 장화와 낡은 운동화, 땀과 풀 냄새가 밴 작업화가 층층이 꽂혀 있다. 작업화 속 보금자리는 손바닥보다 작고 둥글었다. 마른 풀과 이끼, 동물의 털, 심지어 사람의 머리카락까지(긴 걸 보니 내 머리카락인 듯하다.) 모아다가 정성스레 엮어 만든 보금자리다. 둥지에 다섯 알이 오목하게 담겨 있었다. 알은 연한 옥색 바탕에 불규칙하게 갈색 점이 찍혔다.

그 작은 둥지를 들여다보며 문득 우리 집이 떠올랐다. 사람의 온기, 오래 묵은 가구의 숨결, 오가는 마음들이 엮여 한 땀 한 땀 지어 올린, 우리 가족의 둥지. 4대가 나란히 머무는 이 집도, 바람 불고 비 올 때마다 서로의 체온으로 덮는 하나의 크고 낡은 깃털이었다. 때론 숨 막힐 만큼 답답하고, 때론 겨울의 한기를 녹일 정도로 다정한, 그리하여 누구든 언제라도 돌아오고픈 삶의 그릇.

보름 만에 부부가 번갈아 품은 알들 속에서 생명이 터져 나왔다. 어미새가 잠시 자리를 비운 사이, 조심스레 둥지를 들여다봤다. 아기새들은 아직 눈도 뜨지 못한 채 솜털 사이로 연한 살결을 드러낸 채 몸을 웅크리고 있었다. '찰칵' 사진 한 장을 찍는 순간, '활짝!' 노란 부리가 햇빛을 받은 꽃잎처럼 열렸다. 곤줄박이 부부는 그 입마다 살아 있는 벌레를 채워 넣기 시작했다. 정원에서 이끼를 들추고, 나무껍질을 뒤져 곤충을 찾아오는 그들의 움직임은 춤사위처럼 현란했다. 그 작은 부리와 날갯짓은, 정원 한복판에서 펼쳐지는 삶의 리듬이었다.

여름밤의 충격을 지금도 나는 잊을 수 없다. 우리가 잠든 사이 일이 터졌다. 다음 날 아침, 신발장 앞을 지나가다 불길한 정적에 멈춰 섰다. 요 며칠 곤줄박이 부부가 날아들고, 아기새들이 지저귀는 소리에 고양이 베테랑이 신경을 곤두세웠다. 아직 어리고 둥지가 어른 키보다 높은 곳에 있어 설마 했다. 둥지는 텅 비었다. '활짝' 노란 꽃이 피어나듯 둥지 속에서 부리를 열던 다섯 마리 아기새들이 사라졌다.

곤줄박이

베테랑이 '이야옹!' 아침인사를 건네며 테라스 난간 위로 가볍게 뛰어올랐다. 고양이의 도약력을 얕본 걸 자책했다. 아기새가 하나 둘 눈을 뜨고, 깃털이 솟아나는 걸 보면서 마치 내 아이들이 뒤집기를 하고, 처음으로 '엄마'를 부르고, 걸음을 떼고, 유아기를 지나 어느새 사춘기를 겪는 모습이 떠올랐기에 더 가슴이 아팠다. 그 자리에 아직 온기가 남아 있는 듯해 손을 대보기도 두려웠다.

자연은 때론 냉혹해 보인다. 정원 한켠에서는 쐐기나방이 화살나무 새잎에 알을 낳고, 애벌레가 잎을 갉아 먹고, 그 쐐기벌레를 곤줄박이 부부가 잡아 아기새에게 먹이고, 아기새는 고양이에게 먹히고, 고양이는…… 곤줄박이 부부가 쐐기벌레를 낚아채 둥지로 날아드는 순간을 볼 때마다 먹고 먹히는 생명의 사슬이 순환하고 있음을 깨닫는다. 어떤 죽음은 또 다른 생명을 지탱하며, 그렇게 이 정원의 질서가 이어진다.

두 해가 지나고 단풍나무꽃이 피는 5월, 곤줄박이 부부가 다시 찾아왔다. 그해 여름의 일을 기억하는 걸까? 이번엔 등산화가 놓인 가장 높은 칸, 눈에 잘 띄지 않는 안전한 자리를 골랐다. 여섯 마리의 아기새가 태어났고, 어미와 아비는 다시 동이 틀 무렵부터 해가 질 때까지 쉬지 않고 벌레를 잡아 나르기 시작했다. 하루가 다르게 쑥쑥 자라나는 아기새들을 보며, 두 아들의 까다로운 입맛과 나의 요리 실력 부족을 자책하던 때가 생각났다. 아무리 비싼 영양제, 산양유, 보약을 먹여봐도 늘 평균 체중에 못 미치던 아이들. 아이들을 잘 먹이고 잘 재우는 게 인생 최대의 난제였다. 반찬 투정은 기본이고, 밥 한 숟갈 먹이기 위해 온갖 협상이 오갔다. 멸치볶음 한 젓가락 넣으려다 평정심을 잃었고, 미역국을 권하다 아이에게 설교를 들은 적도 있다.

곤줄박이 부부는 쉬지 않고 벌레를 물어다 치르치르 떠들며 입을 쩍쩍 벌리는 아기새들 입에 쏙쏙 집어넣는다. 그 작고 부지런한 부리와 날갯짓을 보고 있자니, 어린 시절 할머니가 우리 4남매 입에 떡이며 과일이며 넣어주던 기억이 떠올랐다. 밖에서 놀다 들어오면 늦게까지 일하는 엄마 대신 삶은 감자, 복숭아, 옥수수튀밥 등등 뭐라도 꼭 챙겨주곤 했다. 텃밭에서 막 따온 가지나 오이도 물에 헹궈서 쥐어주던 할머니의 손.

고등학생이 되어 늦은 밤까지 공부하던 시절, 야심한 시각에도 맛있는 냄새가 늘 피어올랐다. 어묵이 듬뿍 들어간 할머니표 떡볶이와 바삭한 튀김, 단정히 깎은 과일이 소담하게 담긴 접시가 책상에 놓였다. 고단한 하루를 다독이는 푸근한 마음도 함께. 도시락 반찬은 매일 퍼즐처럼 빈틈없이 채워져 있었다. 알록달록한 반찬들로 눌러 담은 그 도시락을 받아들 때마다 무언의 응원과 애정이 느껴졌다.

지금도 식탁에 맛있는 음식이 올라오면, 할머니는 아들 손주 증손주들 앞으로 접시를 밀어놓는다. 할머니의 밥상이 아빠를 키우고, 그 손길이 나를 지나 지금은 내 아이들의 식탁에 닿는다. 입 안으로 이어진 마음, 할머니의 사랑은 꼭꼭 씹히고 삼켜져 건강한 몸과 마음이 된다. 입으로 전해지는 사랑은, 가장 본능적이고 깊은 기억으로 남는다.

나 어렸을 때 머리를 질렀는데
담상담상 얼기빗으로 머리를 개려갖고
담양 챔빗으로 빗겨야 이가 나와
어머니가 바쁜 틈 내서 해 주면
겁나게 아파죽겄어도
어머니 앞에 앉혀놓은게 좋지

머리 한가운데 가리매를 타고
가는 손가락만하게 따고
귀영머리를 따면서
양쪽 색각머리를 잡아 납작하게 따
빨간 댕기로 고를 내 예쁘게 쨈매지
아프다고 엄살하고 굿을 허니까
꽉 안 쨈매고 보통으로

명주베를 나
뽈그레한 진달래꽃색을 물들여
솜을 놓아 설옷을 해 주면 입고
이웃 할머니 집에 세배를 갔는데
할머니가
아이고, 예쁘다!

이순복, 「어렸을 때 우리 어머니」

할머니가 어린 시절, 할머니의 엄마에게 받았던 따뜻한 손길과 품을 떠올리며 쓴 시다.

할머니는 테라스에 앉아 정원을 둘러보며 시간을 보낸다. 아기새를 바라보며 심심한 줄 몰랐다. 어느 날은 둥지에서 떨어진 아기새 두 마리를 잡아서 넣어주기도 했다. 그리고 이렇게 물었다
"그 어린 것이 어떻게 나왔을까, 뭣이 물어냈을까? 어미가 쬐깐해서 물어내지도 못 할 텐디······."
식사 때마다 가족 모두 궁금해 하던 그 미스터리는 며칠 뒤 풀렸다. 아기새가 얼마나 컸나 궁금해 둥지를 들여다보는 중, 갑자기 한 마리가 푸르륵 날아서 떨어졌다. 겨우 잡아서 넣자마자 다른 아기새들까지 놀랐는지 죄다 날아서 테라스 바닥으로 내려왔다. 위로 날아오르진 못하고 요리조리 잽싸게 도망 다니는 아기새들을 다시 둥지에 올려놓느라, 아빠와 함께 진땀을 뺐다. 많이 자란 상태였다. 아직 깃 사이로 솜털이 삐죽거렸지만, 꼬리깃도 제법 자랐고 눈빛도 똘망똘망했다.
둥지에서 소동이 일어난 걸 눈치 챈 어미새가 테라스 난간에 날아와 앉자마자, 등산화 둥지 안에서 꿈쩍 않던 한 마리가 어미새 쪽으로 힘차게 날아올랐다. 어미새가 테라스 난간 너머 고로쇠단풍나무로 날아가자, 나머지 아기새들도 연달아 어미를 따라 날았다. 그토록 조심스럽게 품고 먹이고 키운 생명이, 날갯짓 하나로 홀연히 날아가는 순간을 나는 그날 처음 지켜보았다. 작은 몸짓으로 치르치르 지저귀며 나뭇가지를 오가던 어린 새들이, 아래쪽 화살나무

틈새로도 내려갔다. 떠들썩한 새소리는 한동안 계속되었다.

"또 오겠지? 잘 다녀와라, 와."

한바탕 소동을 지켜보던 할머니가 곤줄박이 가족을 떠나보내기 서운한 듯 말했다. 할머니 말씀대로, 잘 자라서 둥지 틀 때가 오면 또 이곳으로 찾아들 것이다.

할머니는 우리가 학창 시절 학교에 갈 때, 성인이 되어 도회지로 나가 집에 다녀갈 때마다 "잘 다녀와라, 와."라는 말로 배웅하며 한참 서 있었다. 그 말을 들을 때마다 힘이 났다. 밖으로 나설 용기가 생겼다. 그 말은 함께 사는 외증손주들에게도 이어졌다.

"엄마, 나는 상할머니가 '학교 잘 다녀와라, 와' 할 때가 참 좋더라. '와' 할 때 그 느낌 알지? 말 한마디로 안아주는 것 같아."

큰애 건우뿐만 아니라, 작은아들 범우도 학교 갈 때, 야구 하러 나갈 때마다 꼭 할머니 방에 가서 인사를 하고 나간다. 할머니의 다정한 배웅을 받으려고.

곤줄박이 부부가 그 여름의 비극을 지나 다시 신발장으로 돌아온 것처럼, 우리도 각자의 도시에서 치열하게 젊은 날을 보내고 다시 이 집으로 돌아왔다. 나는 서울에서 대학을 졸업하자마자 결혼해 아이 둘을 낳고, 남동생은 도심의 복잡한 공기 속에서 청춘을 견디고, 여동생은 대도시의 핫플레이스에서 힘겹게 삶을 일구다 결국 모두 고향으로 발길을 돌렸다.

바람 많고 낡은 이 집이, 우리가 다시 돌아와 앉을 둥지였음을 그때는 몰랐다. 서로의 발자국이 포개지고, 시간의 숨결이 벽에 배어들며 가족이라는 이름의 생태계가, 이 낡은 둥지 안에서 자라고 있다. 돌아오고, 머물고, 다시 날아가는 삶. 정원도, 집도, 우리도 그렇게 둥지가 되어 다음 계절을 기다리고 있다.

며칠 뒤, 곤줄박이 한 마리가 깃털 한 움큼을 물고 나뭇가지에 앉았다. 나는 그 새를 스케치북에 그리며, 둥지 지을 자리를 찾는 그 눈빛을 보며 확신했다. 언젠가 다시 이곳으로 돌아올 것임을.

둥지가 비어도 그 자리에 깃들던 숨결은 남아 다시 날아들 기억이 된다. 작별은 끝이 아니라 다음 계절을 부르는 날갯짓이다.

제6계명
곱다, 고와—잔대

한 생명을 떠나보낸 손이 다시 생명을 돌보는 힘은 어디에서 올까? 잔대 싹이 겨우내 땅과 함께 얼어 있던 뿌리를 깨우며 땅을 뚫고 올라오고, 그 사이로 작은 날벌레들이 분주히 날아다닌다. 할머니는 잔대가 부쩍 자라는 5월이 오기도 전에 구부정한 허리로 잔대 곁에 지지대를 세우고 노끈으로 고리를 만들어 잔대 줄기와 지지대를 연결해둔다.

할머니는 첫 아이를, 돌을 갓 넘긴 아이를 떠나보내야 했다. 시아버지가 산에서 약초를 캐와 손자를 살려보려 했다. 약을 수저로 떠먹였지만, 생명은 그 손끝에서 조용히 멈췄다.

"그 어린 것한테…… 독한 약을……."

부엌문 틈으로 고개를 내밀며 엄마를 찾던 아기의 얼굴이 눈에 선하다. 비록 아기는 병으로 잃었지만, 그 대신 할머니는 정원에 약초를 키우고 있다.

잔대는 그런 정원에서 가장 오래 살아남는 풀이다. 도라지보다 질기고, 더덕보다 깊다. 수백 년을 산 산삼처럼, 잔대 역시 해마다 뿌리에 뇌두를 하나씩 만들며 오랜 세월을 산다. 한 식물에 여러 이

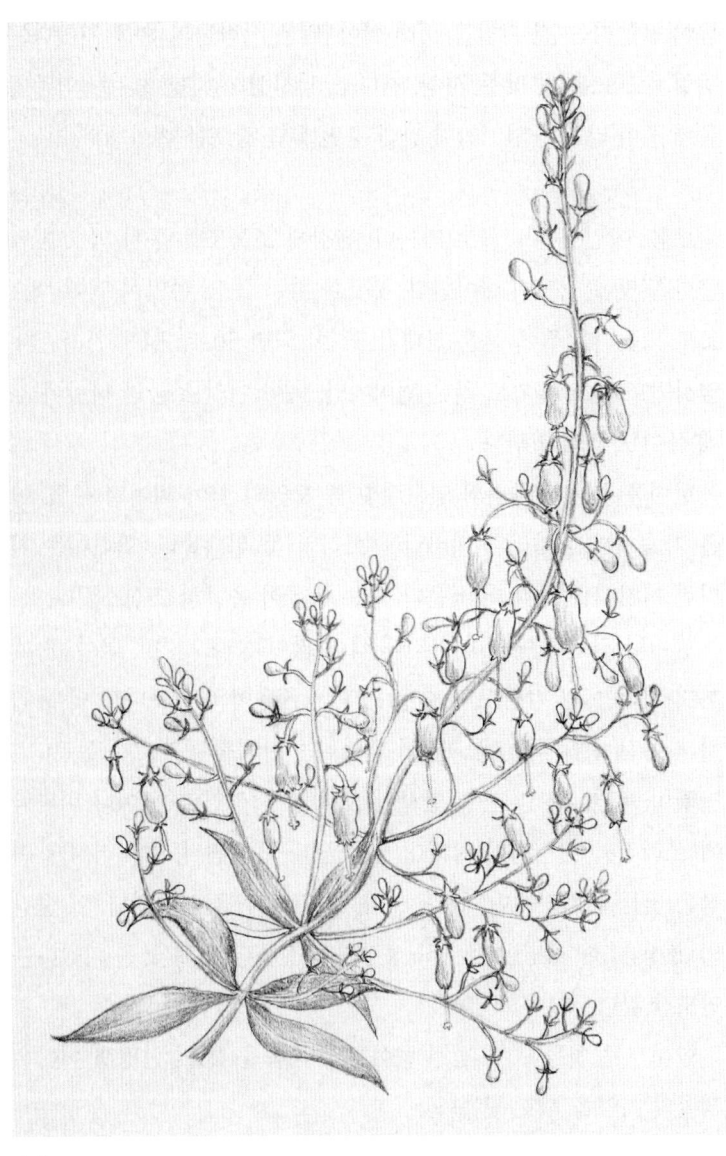

잔대

름이 붙는다는 건 그만큼 오래 살아, 많은 사람들의 손을 거쳤다는 뜻일지도 모른다. 딱주, 사삼, 잔다구, 남사삼…… 할머니는 '딱주가 몸에 좋아'라고 중얼거리며 잔대 주변에 난 잡초를 뽑아낸다.

초봄, 어린잎은 나물로 먹는다. 된장에 조물조물 무쳐 먹으면 달큰한 뒷맛에 입맛이 살아난다. 풋풋한 향이 돌고, 쓴맛이 적어 생으로도 먹는다. 4월에 돋은 잔대가 5월이 되면 50cm 넘게 자라난다. 잎사귀도 넓고 줄기도 굵은 편이지만, 속이 여려 조금만 바람이 세게 불어도 꺾이고 만다.

한여름 꽃대가 올라와 연보랏빛 종 모양의 꽃이 피어날 무렵, 어른 가슴께까지 자라나 비바람에 쓰러질 듯 위태롭다. 할머니는 기다란 지지대를 하나 더 세운다. 묶는 손끝이 유난히 조심스럽다.

할머니 정원에는 해마다 잔대 싹이 많이 올라오지만, 꽃이 필 때까지 자라는 건 절반도 되지 않는다. 생존율이 더덕보다도 낮아 귀하게 여길 수밖에 없다. 그래서 할머니는 잔대를 아끼고 보살핀다.

꽃이 피면, 할머니는 매일같이 그 앞을 서성인다. 행여나 비바람에 쓰러질까 걱정하며 지지대 매듭을 다시 살핀다. 흐드러지게 핀 작은 꽃들을 바라보며 "곱다, 고와." 하고 감탄을 연발한다. 그 순간의 표정은, 한 생명이 무사히 성장의 계절을 맞이해 꽃을 피웠다는 안도감 같다.

할머니는 첫돌을 갓 넘긴 큰아들의 죽음을 품고, 한평생 이어온 생일의 기억을 시로 짓는다.

시집오기 전에는
어머니가 미역국이나 끓여줬지
나를 첨에 나서 얼마나 좋아했는지
가을이라 새 쌀 나니까
떡을 해줬는가 어쨌는가
암쌍도 생각 안 나

시집와서는
누가 며느리 생일을 챙겼겠어?
시어머니가 미역국이나 끓여 먹으라고 했겠지

며느리 생겨서는
시집오자마자 사둔어른 생신이
나보다 하루 뒤라
생일 아침이면 기차 시간이 조급해
미역국만 포도시 끓여서 먹고
며느리 친정집 보내느라 정신없었지
장날 역부러 오만씩 큰 노오란 조기 사고
집에서 키운 산닭을 싸서 들려 보냈는디
닭이 기차 안에서 똥을 쩍쩍 갈겼다고
좋은 소리 못 들었어
생일 아침에 며느리 친정 보내는 일은
사둔어른 돌아가실 때까지 그랬을 걸

지금은
아들며느리에 손주사위에 증손주까지
모다 모여 맛있게 묵고 재미지게 놀지.

이순복, 「생일 아침」

바람에 쉽게 꺾이는 줄기를 미리 묶고, 꽃이 피기 전부터 그 앞을 서성이며 매듭을 고쳐 묶는 손길. 그건 식물을 위한 일이기도 하지만, 한 생명을 지켜주지 못했던 기억을 반복하지 않으려는 마음일지도 모른다.

정원은 모든 것을 말로 설명하지 않아도 되는 곳이다. 할머니의 손길은 그 말 없는 마음을 대신한다. 나는 잔대를 돌보는 그 모습, 살아 있는 것을 곱게 바라보는 할머니를 보며 배운다. 돌봄은 기다림이고, 책임이며, 다시 쓰러지지 않게 미리 손을 내미는 일이라는 걸. 지켜봐 주고, 말보다 손길로 기억하는 방식으로.

여름의 끝자락, 늦은 오후의 햇살이 할머니의 정원을 비춘다. 기다랗게 뻗은 꽃줄기마다 종처럼 매달린 연보랏빛 잔대꽃송이들이, 할머니의 손길을 기억하는 듯 작은 몸짓으로 흔들리며 속삭인다.

곱다, 고와.

꽃 앞에 머무는 그 말 한마디가, 오래도록 정원을 지킨다.
잔대는 몸에 쌓인 묵은 열과 독을 풀어주는 약초다. 폐를 촉촉하게 적시고, 마른기침을 가라앉히며, 허해진 기운을 천천히 되살린다. 위장을 달래고, 염증을 가라앉히고, 무엇보다 해독작용이 뛰어나다. 할머니는 그 사실을 오래전부터 알고 있었을까. 누구도 탓하지 못하고, 누구에게도 속 시원히 말할 수 없던 그 일. 오래도록 속에 담아두었던 슬픔과 원망, 자책까지. 그런 마음들을 조용히 뿌리 곁에 묻고, 잔대를 돌보며 살아오신 건 아닐까.

약은 몸의 독을 풀고, 정원은 마음의 독을 풀어낸다. 가을이 되면 약초를 캘 시기가 찾아온다. 할머니는 더덕과 함께 잔대를 조심스럽게 파낸다. 단단한 흙 속에 묻힌 하얀 뿌리를 손끝으로 쓸어내며, 너무 어린 것은 남겨두고, 충분히 묵은 것만 골라낸다.

"시집 간 딸이 애기 날 때 되면, 아버지들이 산에 댕김서 딱주를 캐다 삶아서 갖다 줬어. 여자들 몸 풀고 나서 먹으면 그렇게 좋대. 나는 첫 애기 가졌을 때부터 시아부지가 일부러 산에 댕김서 한 망태씩 캐다가 삶아서 물을 우려 갖고 줬어."

제7계명

이제나 저제나 올까―상사화

할머니의 봄정원에서 가장 먼저 피는 건 상사화 잎이다. 여러 겹의 둥근 잎끝이 조금씩 벌어지며 뽈쏙뽈쏙 올라오는 모습은 겨우내 땅속에서 지낸 이야기를 조곤조곤 쏟아내는 입 모양 같다. 산철쭉 가지 틈새까지 번져 자라는 그 연초록 잎의 깊은 기다림을 알기에, 나는 그 잎들의 속삭임이 더 잘 들리도록 산철쭉 가지를 살짝 정리해주곤 한다. 그래야 그 기다림이 햇빛을 더 오래 받을 수 있으니까.

상사화는 기다리는 꽃이다. 한겨울에 여린 새순을 준비해두고 땅속에 가만히 웅크려 있다가, 겨울을 뚫고 나와 마치 두 손 모아 기도하듯 연둣빛 잎을 길게 뻗는다. 그 모습이 꼭, 할머니가 매일 새벽 샘에서 떠온 물을 놓고 기도 올리던 그 시간 같다. 아직 살아 있기를 바라는 마음. 돌아오기를 바라는 기다림.

하지만 상사화는 잎이 지고 나서야 꽃을 피운다. 잎과 꽃이 만나지 못하는 꽃. 그래서 '상사화(相思花)'라고 부른다.

이른 봄 상사화 잎이 난 지 다섯 달이나 지나 흔적도 없이 잎이 사그라지고 나면, 그 자리에서 손가락 굵기의 꽃봉오리가 서예붓 모양의 꽃껍질에 싸여 꽃대와 함께 올라온다. 꽃대가 위로 자라면

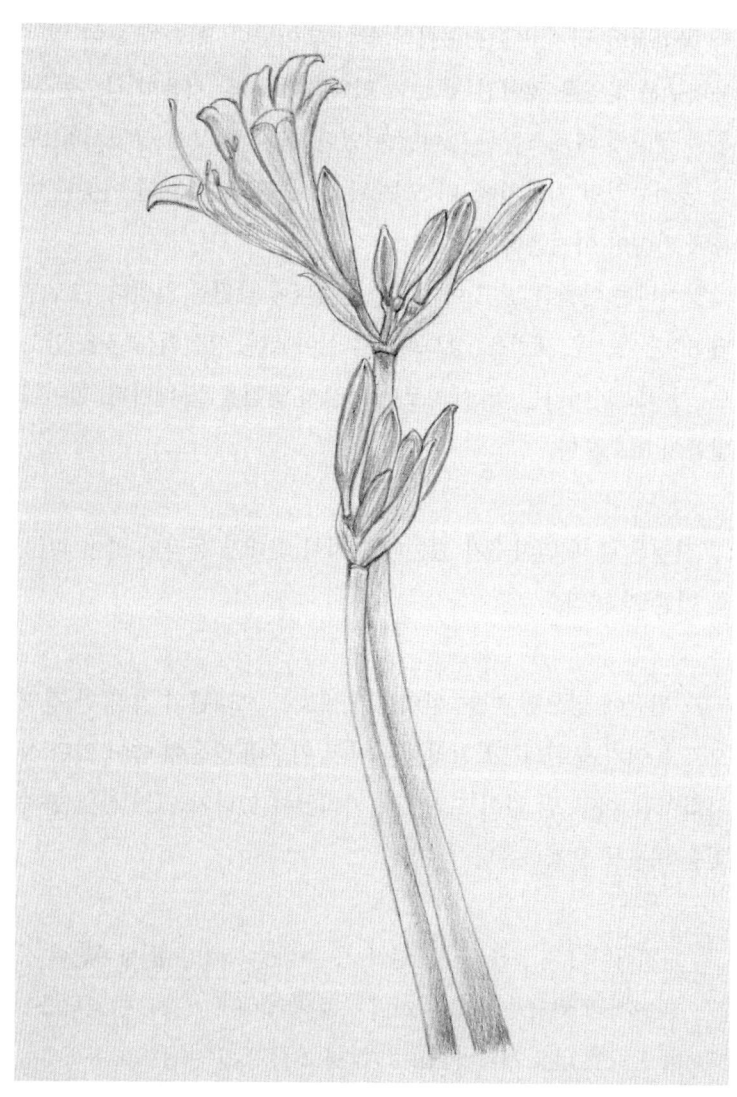

상사화

서 꽃껍질이 터지고 4~8송이의 꽃이 피어난다. 꽃술이 모여 있는 아랫부분 꽃잎은 찢어진 듯 트여 있다. 연보랏빛 기운이 감도는 분홍색 꽃잎에 파르스름한 멍이 스몄다. 마치 말 못할 상처처럼, 오래 숨겨두었던 기억처럼. 비 오는 날 상사화를 바라보면 애틋한 마음에 가슴이 아려온다.

할머니는 아들을 낳고 이듬해 스물하나에 남편을 잃었다. 그로부터 80년 가까운 세월을, 상사화처럼 살아냈다. 상실의 슬픔을 안고도, 기어코 피어나는 꽃. 애처로운 상사화 꽃잎을 볼 때마다, 할머니 말씀이 떠오른다.

"저것은 폴새 잎사구가 졌는디 인자사 꽃대가 올라와 꽃이 피네. 꽃 이쁜 거 봐라."

그 말끝에 닿으면, 나는 할머니가 써놓은 오래된 수기의 한 장면으로 들어가게 된다. 그 기억들은 마치 겨우내 땅속에 숨어 있던 상사화처럼, 아무 말 없이 오래도록 가라앉아 있다가 어느 봄날 불쑥 잎을 틔우듯 불려나온다.

시어머니가 돌아가시고 얼마 지나지 않아 매일 밤 반란군이 집 뒤 대밭에 와서 남편을 불러내는 통에 집에서 못 자고, 저녁밥을 일찍 먹고 마을 사랑방으로 가서 자고 아침 일찍 집으로 돌아왔습니다. 똑똑하고 야무졌던 남편은 마을의 반장이었습니다. 밤마다 젊은 사람들이 사랑방에 모이다 보니 다른 동네 소개 소개로 사상에 대한 이야기도 나누었던가 봅니다. 공산당이라는 것은 다 같이 농사를 지어서 똑같이 나누어 먹는 거라는 말을 들었습니다.

2월 어느 날 저녁 길쌈을 하느라 모여서 삼을 잣고 있는데 남편이 나가서 한밤중까지 돌아오지 않는다고 집안이 시끄러워졌습니다. 그 뒤로 저녁마다 행여나 돌아올까 남편을 기다렸지만 오지 않았습니다. 정씨 집안 동수아저씨도, 서씨 집안 두 아들도 소리소문 없이 집을 나가 돌아오지 않고 있었습니다. 남편이 돌아오길 이제나 저제나 기다리고 있는데 남편 생모가 말했습니다.

"야는 어렸을 때부터 클 때 칠성에다 공을 들여야 좋다고 했는디 못했다."

"아이고, 그라먼 지금도 안 늦은께 일쩍 서둘 것도 없이 시암골로 가서 넘 떠가기 전에 물 떠다가 장꽝에다 놓고 빌으시오."

그래서 다음날부터 동트기 전에 제가 텃밭 뒤 샘에서 물을 떠오면 생모가 기도를 드렸습니다.

"우리 아들 어쩌든지 빨리 돌아오게 해주소서."

그러던 중 아랫마을에 있는 지서에 숙직을 서고 돌아온 동네사람이 지서 화장실에서 남편을 보았다고 했습니다. 어쩐 일로 지서에 있냐고 물었지만 아무런 말도 하지 않았답니다. 남편의 머리카락은 갓 군대에 들어간 사람처럼 짧게 깎여 있었다고 했습니다. 그 후로 여기저기 수소문 하던 중 연락이 왔습니다. 농소 2구 용소막이라는 깊은 굴이 하나 있는데 그곳에 반란군들이 숨어 지내다가 지서로 잡혀왔다가 총살당했다고 했습니다. 정씨 집안의 두 어른이 관을 짜서 짊어지고 곡성 읍내에 있는 총살장으로 가 남편의 주검을 데리고 왔습니다.

총살당한 8명이 한 구덩이에 묻혀 있었답니다. 모두 머리카락을 짧게 밀어버린 데다 서로 엉켜 있어서 누가 누군지 모를 정도였는데 희끗한 새치머리 때문에 남편을 찾았다고 했습니다. 두 사람이 번갈아 가며 지게에 관을 지고 몇 십리 길을 걸어 동네로 돌아왔습니다. 소식을 듣고 생모와 함께 남편을 보러 갔습니다. 관에서 흘러나온 피가 지게에 고여 있었습니다. 그날 그 시간의 고통스러운 기억은 지금까지도 너무나 생생해 가슴이 미어집니다.

그 시절에 산중 마을의 똑똑하다는 젊은이들이 많이 죽었습니다. 임신한 아내와 노모만 남겨 두고 사라진 동네 사람도 있었고, 서씨 집안에서는 두 아들이 함께 사라져서 뼈도 찾지 못했습니다.

청천벽력 같은 소식을 전해 듣고 집안 어른 한 분이 무릎을 탁 치며 한탄했습니다.

"세상에나, 죽으라 헌 것밖에는 안 되는구나! 작년 시한에 어머니가 돌아가시고 진생인(부모가 막 돌아가신 해에 상복을 입은 사람)인디 유왕님(신이 깃든 샘물)하고 생인(生人)하고는 반대인디…… 안직 3년상도 안 치렀는디, 거그다 칠성에다 물을 떠놓고 우리 아들 돌아오라고 빌었으니……."

시절을 탄해야지 어찌 그것 때문에 살아 돌아오지 못했겠냐마는 그때는 그런 원망도 들었습니다. 남편이 스물다섯, 제가 스물한 살이었습니다. 억장이 무너져 넋이 나가 있는데 생모가 통곡하며 말했습니다.

"며느리는 괜찮아. 젊은게 괜찮아. 살았응게 괜찮아. 불쌍한 우리 아들, 불쌍한 우리 아들……."

그 통곡 소리를 듣고 정신이 들었습니다. 절대로 정씨 집안을 떠나지 않고 늙은 시아버님을 잘 모시고 아들 잘 키우며 잘 살아야겠다고 결심했습니다.

생모의 한탄을 듣고 있던 집안 어른이 말했습니다.

"며느리 앞에서 절대 그런 말 마소."

그때부터 남에게 눈물 한 방울 떨구는 것도 보이지 않고 살았습니다.

서울에서 친정 부모님이 비보를 듣고 찾아오셨습니다. 그때 반란군 총살자 가족까지 모두 처단한다는 소문이 돌았습니다. 그래서 저는 아들을 데리고 친정아버지를 따라 기차를 타고 서울로 가고, 시아버님과 집안사람들은 송강리라는 마을로 가서 숨어 지냈습니다.

서울에 가자 아버지가 여기저기 유명하다는 곳을 데리고 다녔지만 하나도 눈에 들어오지 않았습니다. 서울 친정에서 지낸 지 두 달 정도 되었을 때 시아버님이 쌀 두 말을 짊어지고 저를 데리러 올라오셨습니다. 속상해하시던 아버지가 넌지시 서울에서 같이 살자는 뜻을 비치셨지만 결국 시아버님을 따라 내려갔습니다.

농사철이 되어 일이 제대로 손에 잡히지 않았습니다. 하지만 늙은 시아버님과 이제 갓 돌 지난 아들을 보면 슬퍼하고만 있을 때가 아니었습니다. 정신을 차려 낮이면 농사를 짓고, 밤이면 길쌈을 하면서 죽기 살기로 일했습니다.

할머니는 아들 하나 잘 키워 장가보내고 손자나 보면 웃음이 나올라나 싶어서 남편 없는 기나긴 세월을 살아왔다고 했다.
 꽃이 피는 건, 잎이 진 후였다. 상사화가 그렇게 살아가듯, 할머니도 그랬다. 눈물을 삼키며, 매년 같은 자리에 잎을 틔우고, 꽃을 피우며 세월을 건너왔다. 그렇게 지켜낸 세월이 있었기에, 나도 이 정원에서 피어날 수 있었다.
 상사화의 뿌리는 종기를 다스리는 효능이 있다. 뿌리 끝에 숨죽인 슬픔을 기다란 꽃대 끝까지 끌어올려 터트리는 힘. 잎은 사라졌지만, 그 모든 기다림과 상처를 딛고 피어난 꽃이 여기 있다.
 상사화 잎과 꽃처럼, 상실과 기다림의 시간 끝에 한 편의 시가 할머니의 정원에 피어났다.

　　　제국시대 큰애기 공출한다는
　　　흉흉한 소식이 산불처럼 번질 때
　　　두 번 혼인해도 손이 없는 집 양자로 간
　　　스무 살 그 남자와 맺어진 날
　　　양시부모 집에 가마째 들어갔더니
　　　신랑은 생가 부모님 모시느라
　　　가끔 저녁에 살째기 들렀다가
　　　새벽에 나가 버렸지

　　　밥 한 번 같이 못 먹고
　　　군인 갔다가

3년 만에 집으로 돌아와
아들 낳고 좋게 살판에
감 맺을 때 아들 돌 지내고
그해 설 지나
잔설 녹아 봄기운 돌 무렵
저녁 먹고 사랑방에 간 줄 알았지
그 저녁이 마지막일 줄이야

이제나 저제나 올까
길게 목 빼고 기다리기만 했지
이레가 지나
식어 버린 몸에 붉은 꽃 피운 채
돌아올 줄 몰랐지.

이순복, 「상사화」

제8계명

향이 좋잖애―방앗잎

할머니 방 창문 앞으로, 키 큰 백합꽃이 기쁜 소식을 알리듯 향기 나팔을 분다. 아침에 눈을 뜨고 마당에 나가면 가장 먼저 맞아주는 얼굴이다. 올해 백합은 유난히 키가 크고, 꽃이 풍성하다. 꽃술에 촉촉한 꿀과 꽃가루를 듬뿍 내놓고 벌과 풍뎅이를 유혹한다. 풍뎅이 부부가 드나든 길 위로 노란 꽃가루가 가늘게 흩날린다. 그 옆에서는 이글거리는 여름 태양을 닮은 참나리꽃이 짙은 초록 덤불 위로 키를 세우며, 길쭉한 봉오리를 터뜨릴 채비 중이다.

지지대를 훌쩍 넘은 더덕 덩굴은 테라스 기둥을 타고 지붕까지 기세 좋게 오르며, 봉긋해진 연둣빛 꽃봉오리를 조랑조랑 매달고 있다. 히말라야시다 나무 그늘 아래, 잔대는 어른 키만큼 꽃대를 키우고, 마디마다 연노랑 꽃차례를 내놓는다. 제피나무 초록 열매는 얼얼한 맛을 품으며 단단해진다.

시선을 낮추면, 도라지가 별모양 보랏빛 꽃잎을 펼치고, 천일홍은 불꽃놀이처럼 진분홍 꽃을 팡팡 터뜨린다. 이제 씨앗을 맺는 우단동자는 강렬한 자줏빛을 끝까지 놓지 않고, 키 작은 맥문동은 연보랏빛 꽃대를 올려 수수알 같은 꽃망울을 줄줄이 달았다. 안젤로

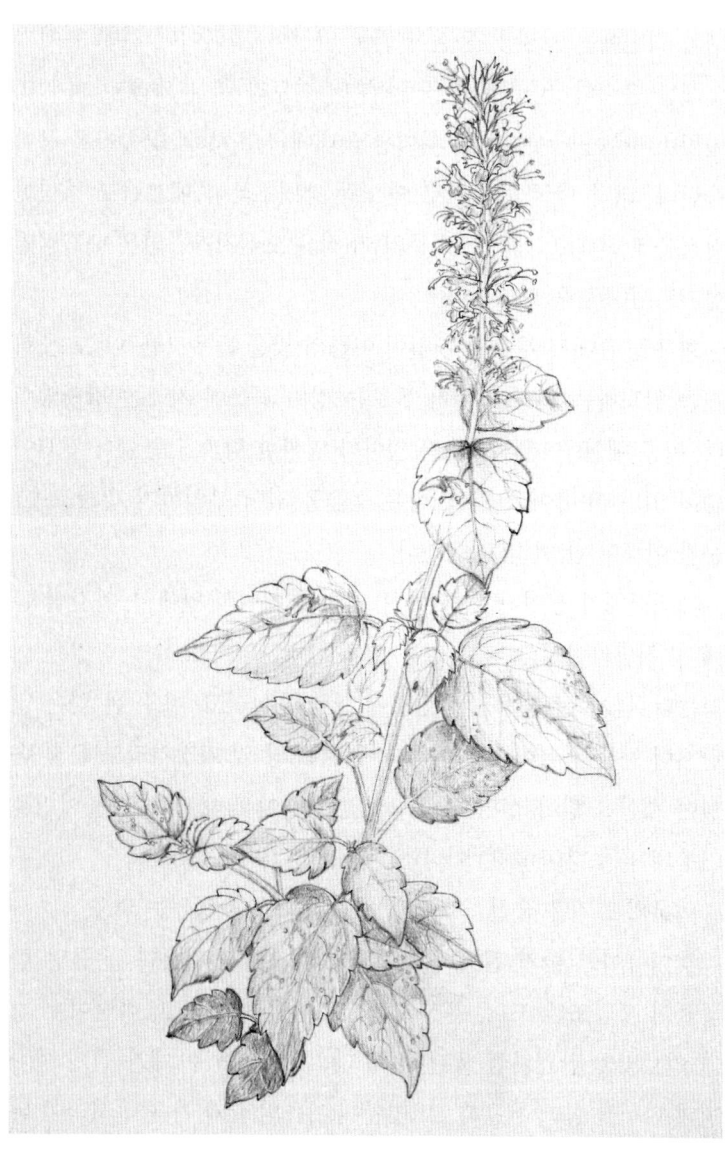

방앗잎

니아 화단에는 보랏빛 물결이 먼저 일렁이고, 뒤이어 흰빛 포기가 꽃대를 올린다. 비비추는 아래쪽부터 연보라 꽃을 차례로 피우고, 일월비비추는 낚싯대처럼 휘어진 꽃대에 짙은 빛의 꽃송이를 묶어 올린다. 더덕 덩굴숲 사이로 연노랑 백년초꽃이 매끄럽고 투명한 살결을 드러내고, 테라스 화분의 키 작은 오렌지자스민은 매혹적인 향기로 존재감을 드러낸다.

화초들 틈에서 부추와 깻잎이 여름의 맛을 돋우지만, 이 모든 향기를 압도하는 건 할머니가 돌보는 정원 곳곳에 자라는 방앗잎이다. 여름 햇살을 머금은 초록 잎마다 알싸한 향과 달큰함이 겹겹이 숨어 있다. 바람이 스치면, 향은 풀숲을 넘어 부엌까지 번지고, 그 순간 여름이 한 번 더 깊어진다.

새벽안개가 물러간 여름 아침, 암청색 정원석 앞에서, 자갈밭 틈에서, 히말라야시다 나무 밑동 옆에서 방앗잎이 초록빛 숨결을 내뿜는다. 곧게 선 줄기는 바람결에 살짝 흔들리고, 마주 선 잎은 달걀처럼 둥글다 끝이 뾰족해진다. 톱니 모양 잎 가장자리와 은빛 솜털이 햇살을 받아 선명하다. 방앗잎은 향이 강해 스스로 풀이기를 거부해 '배초향(排草香)'이라는 이름을 얻었단다.

여름의 뜨거운 숨결 속에서도 사람의 기운을 북돋는 약초.

늦여름이면 줄기 끝마다 보랏빛 꽃차례가 올라온다. 손톱만 한 꽃들이 오밀조밀 모여, 윤산꽃차례로 둥글게 맺히고, 바람이 스치면 연보랏빛 안개처럼 풀린다. 네 개의 수술 중 두 개가 길게 뻗어 벌과 나비를 불러 세운다. 그 빛깔엔 여름의 끝과 가을의 시작이 뒤섞여 담겨 있다.

할머니는 그 향을 유난히 사랑했다.

"향이 좋잖애."

부추전에도, 애호박전에도, 매운 고추를 썰어 넣은 전에도 방앗잎을 빠뜨리지 않았다. 장마로 밭일을 쉬는 날이면, 기름 위에 전이 노릇하게 익어가는 소리와 향기가 부엌을 가득 채웠다.

그 향은 할머니의 젊은 날과 닮았다. 금계마을에 살던 젊은 시절, 베 짜는 손길은 능숙했고, 요리 솜씨는 말할 것도 없었다. 정 많고 말도 잘해, 밤이면 아낙들이 할머니 방에 둘러앉아 길쌈하며 이야기꽃을 피웠다. 웃음소리와 북질 소리가 새벽까지 이어지던 여름밤, 그 한가운데 할머니가 있었다.

    겨울에는 명베
    봄에는 삼베
    실을 낳을 때마동
    방으로 한 그득 모인 동네사람들
    종갓집 제사 모시는 월평성님
    그 동생 매평성님
    가찹게 사는 내민 할머니
    서씨 집 동갑내기 괴소댁
    나보다 두어 살 덜 먹은 먹굴댁
    한 동네서 결혼해서 한동댁

> 너른 질가상에 사는 무수굴댁
> 젊어도 베 잘 짜는 죽산댁
> 바깥남자가 어더더 철딱서니 없이 말하는 큰골댁
> 모다 모여
> 달 없는 날도
> 먹도장 같이 까만 한밤중까지.

이순복, 「질쌈」

그러던 시절, 개간법이 시행됐다. 할머니는 이웃집 당숙모와 함께 날마다 괭이로 야산의 잡목을 파내고, 맨손으로 땅을 골랐다. 손바닥이 터져 피가 나도, 다음 날이면 또 나가서 땅을 팠다. 그렇게 일군 밭에 밤나무를 심고, 삼을 심었다.

어느 날, 통명산 아래 부릿재 뽕밭 한 구역이 새 주인을 찾는다는 말이 돌았다. 아빠는 그 땅을 사자고, 산중 마을을 나가자고 저녁마다 졸랐다. 연고 없는 외진 곳이라 거절했지만, 시숙님의 "믿어 보소." 한마디에 결국 마음을 열었다.
이샷날, 마을사람들이 울며 산길을 넘어 짐을 날라주었다. 그렇게 옮겨온 경악마을 부릿재. 할머니는 금계마을 사람들의 기억 속엔 여전히 여름 방앗잎처럼 향기로운 이름으로 남았고, 세 집뿐인 외딴 부릿재에서는 가족들의 마음을 은근히 채우는 향이 되었다.

할머니의 여름정원에는 방앗잎이 한창이다. 잎마다 향과 맛이 깊게 익어간다. 바람이 잎새를 스치면, 할머니의 목소리가 물결처럼 번져온다.

"다 묵고 살자고 허는 짓인디, 방앗잎전 묵고 해. 그것이 향이 좋잖애."

허리를 다쳐 오랜 병원생활 끝에 집에 돌아온 작년 여름날에도 정원에서 방앗잎을 뜯어 추어탕에 넣었다. 국물 위로 피어오르는 여름 향기에, 그날 밥 한 공기를 비웠다.
 올해 여름, 할머니는 잇몸뼈 염증이 깊어 식사를 제대로 못했다. 7월 장마로 잎이 무성해진 방앗잎을 한 줌 뜯어, 계란물 얹어 얇고 노릇하게 전을 부쳐 드렸다. 첫입을 베어 물고 할머니는 살짝 눈웃음을 지으며 말했다.
 "아따, 맛있다. 이것이 향이 좋아."
 그 한마디 속에 여름의 빛과 바람, 그리고 오래도록 이어질 정원의 기억이 고스란히 담겨 있다.

제9계명
그때는 젊은디 어디가 아파 — 쇠물팍

가을볕이 바람을 타고 정원 곳곳을 누비는 아침.
테라스에 고로쇠단풍 낙엽들이 뒹굴기 시작하면, 할머니 손이 바빠진다. "아이고, 허리야." 하면서도 빗자루를 든다. 히말라야시다는 여름 내내 큰 그늘을 드리우며 무더위를 막아주더니, 이제는 바늘잎을 우수수 떨어뜨린다. 할머니는 빗자루를 모로 세워 데크바닥 틈새까지 말끔히 쓸어낸다. 빗자루가 닿은 자리마다 가을이 알뜰히 정돈되고, 손길을 따라 햇살이 퍼진다.
그 사이, 정원에도 차곡차곡 가을이 쌓인다.
지지대 위로 덩굴을 뻗은 더덕은 별모양 열매를 조랑조랑 달았다. 바람이 불면 날아갈 듯 작고 가벼운 씨앗이 꼬투리 안에 숨어있다. 할머니는 열매를 따서 며칠간 가을볕에 말린다. 도라지는 줄기째 잘라내어 널어서, 초롱모양 열매를 말린 후 톡톡 털어 흑갈색 미세한 씨앗을 모은다. 동백나무 곁 제피나무에도 가을이 알알이 물든다. 붉게 익은 열매를 따서 쟁반에 널어두면 껍질이 벌어진다. 할머니는 까맣고 동그란 씨앗을 골라내고, 적갈색으로 마른 껍질만 모아두었다가 곱게 빻아 추어탕이나 민물매운탕에 넣는다.

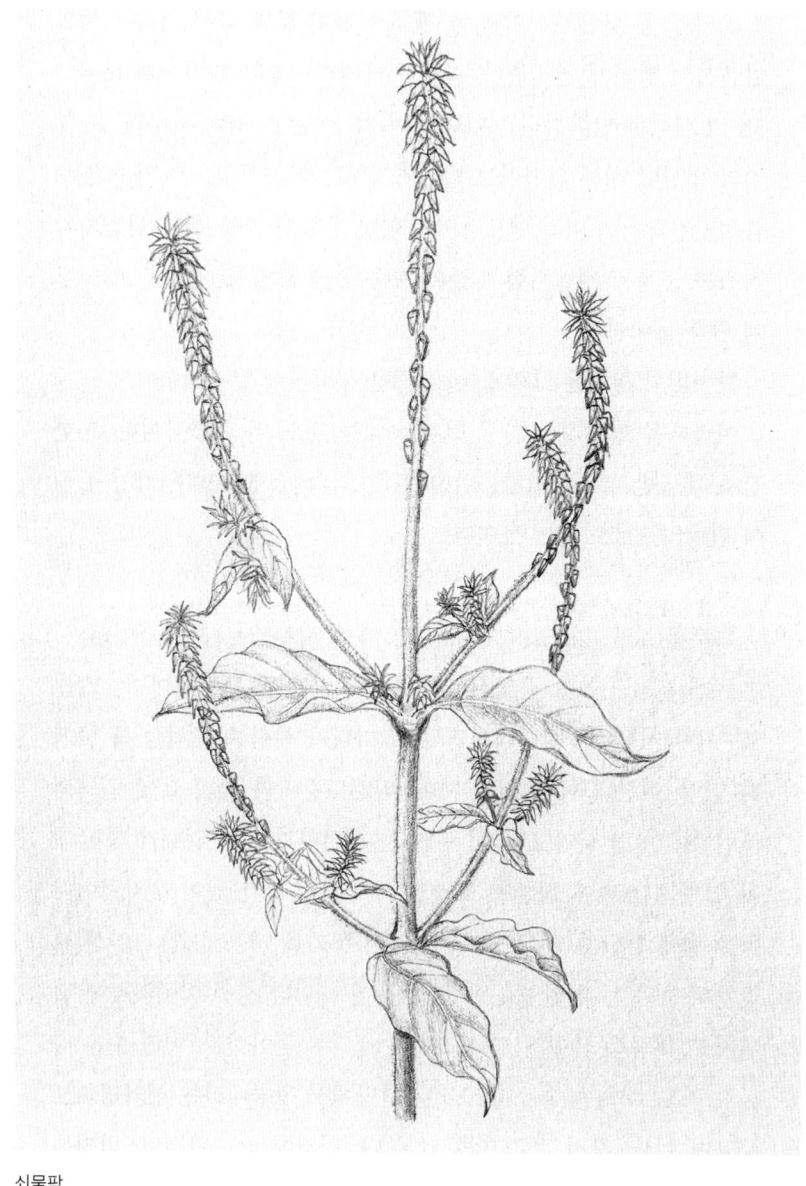

쇠물팍

테라스 앞 산책길을 따라 노란 국화들이 활짝 피어 지나는 이의 마음까지 환하게 열어준다. 감국과 메리골드꽃이 향기롭게 피어나고, 그 사이를 날아다니는 나비. 나비가 꽃 같고, 꽃이 나비인 듯. 향기와 빛깔에 취해 다가가도 날아가지 않는다. 그 옆으로 자줏빛 주름치맛자락처럼 퍼진 맨드라미는 햇빛과 함께 춤을 추고, 아스파라거스는 공작새 깃털처럼 부풀어 주홍 구슬 모양 열매를 달고 노랗게 단풍 들어간다.

할머니의 정원은 그렇게, 이 계절을 구석구석 갈무리한다.

이맘때쯤 할머니가 가장 먼저 손대는 것도 이 쇠물팍이다. 흔한 잡초 취급받기도 하지만, 할머니표 보약의 주재료이다. 약성이 좋아 단방약으로도 많이 쓰인다.

쇠무릎(Achyranthes japonica), 이곳 사투리로 쇠물팍이라 부르는데 다소 습한 곳에서 잘 자라는 여러해살이풀이다. 키는 50~100cm쯤 자라며, 네모진 줄기 마디가 사람 무릎처럼 툭 불거져 있다. 여름 끝에서 가을 사이, 잎겨드랑이와 줄기 끝에 연녹색 꽃이 이삭처럼 달리고, 꽃이 지면 긴 타원형의 포과 열매가 맺힌다. 이 열매는 표면에 화살촉 모양의 미세한 돌기가 있어 옷자락이나 동물 털에 단단히 달라붙는다. 그래서 뿌리를 캐는 순간, 자잘한 씨앗들이 옷과 장갑 낀 손등에 잔뜩 붙어 다니다 정원 이곳저곳에 떨어지고, 다음해 봄이면 그 자리마다 새싹이 돋아난다. 어린 순은 나물로 먹고, 뿌리는 술을 담그거나 한방에서 우슬이라는 생약명으로 부르며 이뇨·강정·통경 약재로 쓴다. 민간에서는 관절염, 허리통

증, 골다공증, 건망증을 비롯해 임질과 두통에도 효험이 있다고 전해져 들에서 나는 보물처럼 여겨왔다.

가을정원의 한쪽에는, 쇠물팍 뿌리를 캐낸 자리에 구멍이 나 있고, 다른 한쪽에는 할머니의 몸에서 떨어진 씨앗들이 가랑잎 사이에 묻히고, 흙속으로 들어간다. 해마다 같은 자리에, 또 다른 자리에도 돋아난다. 씨앗을 따로 걷지 않아도 저절로 번지고, 그 뿌리는 약이 된다.

3만 평 땅을 관리하고, 그중 수천 평의 밭농사를 짓는 일은 몸이 쉴 틈을 주지 않는다. 이른 봄, 밭에 퇴비를 내기 시작하면 해가 져도 일이 끝나지 않고, 늦가을 토란·울금·고구마 같은 뿌리 작물을 거두는 시기에도 컴컴해질 때까지 밭에서 손이 멈추지 않았다. 사계절 내내 이어지는 밭일에다, 틈틈이 도라지와 버섯을 캐러 산행까지 나서는 생활. 그런 우리 가족을 위해 할머니는 매년 보약을 달였다.

쇠물팍뿌리를 비롯해, 할머니의 가마솥에는 온갖 산과 들의 기운이 들어간다. 골다공증에 좋다는 골쇄보, 뼈를 붙여준다는 접골목, 위장을 편하게 하는 삽주, 독성을 풀어주는 감초, 혈액순환에 좋은 대추, 기운을 북돋는 엄나무와 개복숭아, 참빗나무 가지까지. 약초마다 제철에 캐고 뜯고 베어 말려두었다가, 가을 농번기를 앞두고 하나하나 꺼낸다.

골쇄보는 바위에 넓게 붙어 자란다. 가을 버섯 산행 중에 이끼와 함께 바위에 엉켜 붙은 뿌리줄기를 떼어내면, 젓가락 굵기의 가느다란 줄기에 갈색 털비늘이 빽빽하다. 햇볕에 하루쯤 말린 뒤 가스토치로 털을 태우고, 면장갑을 끼고 시멘트 바닥에서 빨래하듯 박박 문지르면 비늘이 우수수 떨어진다. 껍질을 벗은 뿌리는 초록빛이 도는 해조류 줄기 같다. 이렇게 손질해 햇볕에 다시 말려 약으로 쓴다.

접골목은 6월 말, 수수알만 한 빨간 열매가 포도송이처럼 달린다. 열매는 담금주로 쓰고, 나무줄기는 잘라 그늘에 말려 약재로 넣는다. 뒷산에서 본 나무인데, 새가 열매를 물어다 놓았는지 언제부턴가 우리 집 정원가에 자라고 있었다.

삽주는 건조한 소나무숲에 자라, 송이버섯 산행 때 자주 만난다. 캐내면 강한 향이 코끝을 찌른다. 뿌리를 잘 씻어 햇볕에 말려 두면 한방에서 위장약으로 귀하게 쓰인다.

여러 약재를 다듬어 커다란 가마솥에 차곡차곡 넣고, 재료가 잠길 만큼 물을 붓는다. 장작불을 아침부터 지펴 하루 종일 은근하게 달인다. 보글보글 끓어오를 때 가마솥 뚜껑을 살짝 열면, 숲과 들, 뿌리와 껍질이 한데 어우러진 진한 향이 김과 함께 피어오른다.

첫탕을 달여 내고 재탕까지 끓이면, 약재 건더기는 건져낸다. 달인 물이 따뜻하게 식으면 꼬드밥을 지어 엿기름과 함께 하룻밤 삭힌다. 다음날 아침, 다시 불을 지펴 팔팔 끓인다. 그러면 검붉고 묵직한 보약이 완성된다.

시간과 정성을 들인 보약 사발을, 할머니는 고된 밭일로 땀에 젖은 식구들의 손에 새참과 함께 쥐어 준다. 입안에 퍼지는 맛은 쌉싸

레하지만 뒷맛은 할머니 사랑처럼 달짝지근한 보약 한 사발을 넘기고 나면, 몸속 깊은 곳에서부터 힘이 차오르는 듯하다.

할머니의 보약 달이기는 1940년대부터 시작됐다. 열일곱 살, 일제 강점기 '큰애기 공출'(일본군 위안부 차출)을 피해 통명산 골짝 금계리로 시집온 할머니. 뭣 모르는 새댁일 때, 시아버지가 통명산에서 캐온 약초로 이틀간 달여서 조청처럼 만들어놓은 걸 너무 쓰고 새까맣게 탔다며 퍼다 버린 적이 있었다. 큰딸인데도 학교에만 다니고 일을 배우지 않아 밥 한 끼도 안 해보고 시집온 며느리가 부엌에서 일하는 동안, 흰옷으로―위로는 저고리, 적삼에 아래로는 일곱 폭 자락치마, 바지, 속곳, 고쟁이까지 제대로 갖춰―차려입고, 늘 툇마루에 앉아서 기다란 대통 담뱃대를 피워 물고 화롯불에 담뱃재를 탕탕 털며 하루를 보내던 시어머니와의 대화.

(부엌에서) "어머니, 너무 써서 퍼내불까요?"
(툇마루에 앉아) "그래라. 퍼놔라."
"네."
"아가, 약 어쨌냐?"
"네? 퍼내부렀어요."
"아, 왜 그랬냐?"
"어머니가 퍼내부러라고 해놓고선······."
"아이고, 내가 퍼놓으라 그랬지, 퍼내부랬냐!"

할머니는 이 얘기를 약 달일 때마다 해줬다.
"겁나게 지천 들었어. 아조. 첫 애기 낳고 그랬어."
할머니가 그 시절을 추억하며 쓴 시가 있다.

옛날 세상에는
암것도 약이 없어서
다리가 아프거나
허리가 아프거나
다치거나
산에서 삽주, 당귀, 단삼, 한가꾸, 쇠물팍 뿌리
캐서 빼득빼득 몰랴서 모타 두고
참꽃나무 뿌리조차 나무조차
오갈피 가지, 엄나무 가지 베고
가마솥에 빡빡허니 넣어
장작불로 하루종일 때다시피 고아
비러니 시커머니 우러나온 약물을
큰 너럭지에 받쳐서
보리쌀로 밥을 해서 단밥을 해야 약이 돼
겉보리로 엿기름 길러 말려서 갈아놓은 놈으로
가마솥 아궁이에 따땃허니 불을 때
여남은 시간 삭혀갖고
밥건덕지는 꽉 짜서 내불고
떡 찍어먹는 조청보다 되게 대려야 해

오만한 김치단지에 담아서
시아버님 방 앞에 마루에 놓고
약으로 한 숟가락씩 떠 드시면
아프단 소리 안 허고
그 해 농사를 다 지었어
가마솥으로 두 솥딴지를 고아 드시고

나는 한 숟가락도 맛도 안 봤어
그때는 젊은디 어디가 아파

이순복, 「보약」

할머니가 시아버지 보약을 한참 달이던 때는 스무 살에서 서른 살 사이였다. 큰아들과 남편을 잇달아 떠나보내는 가슴 찢기는 일을 겪었지만, 그 슬픔마저 일손을 멈추게 하진 못했다. 논밭 일을 마치고도 한밤중까지 길쌈을 하고, 맨손으로 야산을 일궈 밭을 만들었다. 낫과 괭이, 손과 발바닥이 닿는 곳마다 삶의 터전이 생겨났다. 젊음으로 그 모든 걸 견디고 살았다.

"그때는 젊은디 어디가 아파."

나도 그랬다. 집안 사업이 기울어 가난 속에 보낸 20~30대였지만, 몸이 젊어 건강하니 힘든 줄 몰랐다. 대학교 1학년, 8촌 친척집 골방에서 처음 마주친 건 엄지손가락만 한 바퀴벌레였다. 옥탑방

한 칸에 4남매가 모여 살면서도 가출한 친구까지 받아들여 함께 지냈다. 반지하 셋방을 전전하며 물난리와 불난리를 겪었고, 대학 등록금을 벌겠다고 카페, 칵테일바, 레스토랑, 지하철 퀵서비스, 백화점 식품매장, 학습지 영업까지 닥치는 대로 일했다.

청계천 상가 식당에서 음식을 배달하며 음악하던 데쓰 메탈 드러머와 사랑에 빠져 대학을 졸업한 해, 출판사에 취직하자마자 그 장발의 청년과 결혼했다. 미래에 대한 불안은 헤드뱅잉으로 털어냈고, 고생과 고통마저 젊음이라는 빛나는 이름 아래 반짝였다.

그 시절은 내 안에 오래 묻힌 뿌리 같았다. 보이지 않아도 지금의 나를 지탱하고, 시간이 흐르며 나무의 옹이처럼 밀도를 높였다. 그 결은 흉터처럼 보이지만 만져보면 단단하고 매끄럽고, 그 속에만 깃드는 무늬가 있다.

젊다고 어찌 안 아팠을까! 하지만 할머니는 그 시절을 온몸으로 견뎌냈다. 그리고 지금, 4대—아들과 며느리, 손주 넷, 손주사위 셋, 증손주 넷—가 이어진 대가족의 든든한 뿌리가 되었다. 그 뿌리 덕분에 우리는 바람에도 쓰러지지 않고, 계절마다 새순을 틔운다.

올가을, 할머니의 손길은 정원에 닿지 않지만, 그 온기는 씨앗으로 남아 겨울 날 채비를 한다.

제10계명

쓴맛은 다 보약이 돼—머위

"봄에 싹 나는 것은 다 나물이지. 옛날부터 지절로 씨가 나고 묵어온 것이라. 지칭개, 광대쟁이는 데쳐서 된장 넣고 쪼물쪼물 무쳐서 묵고, 참빗나무 순, 느릅나무 순도 따다가 된장국 끓여 묵었어."

할머니가 앞뜰 정원에 주저앉아 봄나물을 뜯는다. 옥잠화처럼 새하얀 머리 위로 따사로운 봄 햇살이 내려앉아 좁아진 어깨를 감싸 안으며 구부린 등으로 퍼진다. 겨우내 마루 밑에 엎어져 자고 있던 빈 플라스틱 화분 하나가, 나물바구니가 되어 할머니 곁에 놓여 있다. 그 안에는 양지마다 돋아난 돋나물(돌나물) 한 줌.

"보돌보돌할 때라 된장, 고추장에 비빌비빌 버무려서 깻가루 뿌리면 풋내 난 듯하니 맛나."

아빠가 좋아하는 달롱개(달래) 한 옴큼.

"쫑쫑 썰어서 왜간장, 참기름, 고춧가루, 깻가루 넣고 달롱개장 만들어서 비벼 묵자."

머위 잎사귀도 몇 장 포개져 있다.

머위(Petasites japonicus)는 봄나물 가운데서도 특유의 쌉싸래한 맛으로 유명하다. 이른 봄, 눈 녹은 자리에서 연둣빛 꽃대가 고개를 들고, 뒤이어 넓고 둥근 콩팥 모양의 잎이 부드러운 털을 달고 천천히 펼쳐진다. 다 자란 머위 잎은 국대접 만큼이나 넓적하고, 긴 줄기는 자줏빛을 머금어 봄볕에 은근히 빛난다. 습기가 적당한 산기슭이나 개울가에서 잘 자라지만, 다채로운 정원수와 화초가 숲처럼 우거진 우리 집 정원 곳곳에서 잘 자란다.

머위의 쌉싸래한 맛은 혀끝을 살짝 찌르지만, 곧 입안에 봄 향을 번지게 한다. 어린잎과 줄기는 데쳐서 우려낸 뒤 나물로 무치거나 볶아 먹고, 된장국이나 장아찌, 조림, 튀김으로도 즐긴다. 갓 올라온 꽃봉오리는 된장에 박아 숙성시키면 봄 향이 진하게 배어난다. 뿌리는 한약재 '봉두채'로 불리며, 해독과 소염, 통증 완화에 쓰인다. 머위의 쓴맛은 입안에 오래 남지만, 봄마다 다시 찾게 되는 건 그 씁쓸함 속에 스며든 향과 기운이 몸을 깨우기 때문이다.

할머니의 잃었던 입맛을 되찾아주는 고마운 봄나물이다.

봄에 올라오는 새순은 다 먹을 수 있다. 독성이 있는 것들은 끓여서 소금물에 담그거나 말려서 먹는다. 할머니는 봄이면 담쟁이덩굴 순처럼 여기저기 다니며 나물거리를 해온다. 옥잠화, 원추리 새순도 봄철 밥상에 초무침이나 된장국이 되어 올라온다. 풀 나지 말라고 일부러 남겨둔 돌나물도 날마다 뜯어다 초고추장 뿌려 먹고, 된장에 무쳐 먹고, 강된장 끓여 밥에 비벼 먹는다.

할머니의 정원은 보기에만 좋은 정원과 다르다. 꽃과 나무 사이에서 먹을 게 자란다. 국화순 옆에서 부추가 고개를 들고, 동백나

머위

무 아래 초피나무가 가지를 뻗고, 들깨와 방앗잎은 정원 곳곳에서 자라난다. 머위며 달래며 돌나물은 자연스럽게 정원 나물바구니에 담기고, 도라지, 더덕, 잔대 같은 약초들도 정원의 화초와 어우러진다.

"봄에는 약 아닌 것이 씨도 없어."
 잡초라 불리던 것들도 할머니 손에 닿으면 달라졌다. 씀바귀가 입맛을 돋우는 '봄 반찬'이 되거나, 민들레 뿌리는 속을 다스리는 '한약재'가 되었고, 질경이는 몸을 보호하는 '보약'이 되었다.
 쓴맛도 마다하지 않았다. 오히려 봄은 쓴맛으로 시작된다. 겨울을 밀어낸 자리에서 새로 돋아난 참두릅, 땅두릅, 엄나무, 머위, 참취, 쑥…… 그 쓴맛에도 불구하고 가장 사랑받는 봄나물이다. 생각만 해도 입안에 군침이 돌며 입맛이 살아난다. 혀끝을 놀래키는 그 쌉싸래한 맛을 지나야 입안에 봄이 퍼지고, 기운이 돌고, 마음이 풀린다. 인생의 계절에서 춥고 삭막했던 겨울을 겪고 나서 그 쓴맛을 곱씹다보면 인생에 보약이 되어 삶이 오히려 탄탄해지듯. 쓴 봄나물도 그렇다.
 어렸을 땐 이런 봄나물은 입에도 안 댔다. 그 쓴 걸 맛있다고 끼니마다 반찬으로 먹고, 험한 산을 다니며 가시투성이 나무에서 참두릅, 엄나무순을 따오는 아빠를 이해할 수 없었다. 봄나물의 쓴맛을 즐기게 된 건 청춘에 서울살이를 시작해 인생의 온갖 맛—비린 맛, 고소한 맛, 단맛, 쓴맛, 매운맛, 신맛, 짠맛 그중에서도 쓴맛—을 잔뜩 보고 장년기가 되어서다.

봄에는 쓴맛이 필요하다. 쓴 봄나물을 먹으며 겨울의 잔설을 털어내고, 그 맛을 곱씹으며 삶은 다시 제자리를 찾아간다. 쓴나물이 맛있어서 10대 후반의 아이들에게 권해 보지만, 그런 걸 왜 먹냐는 반응이다. 쌉곰함 뒤에 오래도록 이어지는 이 맛을, 아직 알 리 없다. 쓴맛을 알아야 어른이 된다.

"쓴맛은 다 보약이 돼."

봄이면 정원 구석구석에서 돋아난 쓴 풀들이 자연스럽게 밥상 위로 이어졌다. 한 끼를 채워주는 것들이자, 삶을 이어주는 것이었다. 봄나물은 단순한 반찬이 아니라, 가난한 시절을 버티게 해준 생명의 식량이자, 땀과 시간을 거쳐 얻은 보약이었다.
할머니는 이제 예전처럼 정원 일을 많이 하지 못하고, 약초를 캐서 보약을 만들어 주지도 않지만, 봄이면 여전히 정원 어귀에 앉아 나물을 캔다. 했던 말을 잊고 또 반복하지만, 그 말들이 쌓여 이 정원의 시가 되고, 계절이 되고, 내 삶의 근육이 된다.

어느 해, 지인에게 받아온 토종 겉보리 종자를 화분에 심었다. 겨우내 바닥에 엎드려 있으면서도, 푸른빛을 잃지 않고 살아남은 보리. 봄볕이 들자 보리싹이 몸을 일으켰다. 초록빛 줄기와 잎이 하루가 다르게 자라며 화분을 가득 메웠다. 보리 이삭이 패서 누르스름하게 익어가는 모습을 바라보며 할머니는 시를 지었다.

보리씨는 아무 때나 심는 게 아니여
물이 질컥질컥 난 논에는 보리가 되지 않제
물 잘 빠지고 포골포골 바실바실 좋은 논에
똥거름 많이 깔아 소로 쟁기질해서
골을 친 다음 씨를 뿌리고 덮어 주면
보리싹이 새파라니 골고로 나
추운 겨울 얼어 죽을 동 말 동 살고 있으면
봄이 와
그때 자근자근 밟아 줘
보리싹이 자라서 키가 가슴께쯤 오면
보리 모가지가 올라오고
보리가 패서 알이 통실통실 여물 들기 시작해
그때는 쌀이 없어, 부자나 있제
보리 모가지 훑어다가 멍석에 깔아 놓고
까시락을 손으로 비비고 키로 까불어 내보낸 뒤
알을 가마솥에 살살 볶아서
맷돌에다 갈아놓고
산에 올라가
산나물 한 보따리씩 캐다가
파르르 삶아 담상허니 썰어
보릿가루 넣고 죽을 끓여 한 그릇씩 먹었제
쌀은 구더기 빠진 거 맹키로 쬐까 넣었어
식구 많은 집은 참말로

보리 모가지로 살았어

안 굶어 죽을랑게.

이순복, 「보릿고개」

할머니 시에서처럼, 보리도 '얼어 죽을 동 말 동'(얼어 죽을 듯 말 듯) 겨울의 쓴맛을 겪고 나면 꽃을 피우고 씨앗을 맺는다. 쓴 봄나물도, 인생도 마찬가지다. 어린 시절엔 이해하지 못했을 그 시구들이 이제는 가슴에 와 닿는다. 나도, 겨울을 지나며 쓴맛을 알게 되었으니까. 할머니가 물려준 정원에서, 그 쓴맛이 내 삶의 밑거름이 되어주고 있으니까.

할머니가 한 손엔 지팡이를 짚고 한 손엔 머위순이 소복하게 담긴 나물바구니를 들고 부엌으로 들어간다. 테라스 앞 금식나무 주변에 해마다 올라오는 머위순을 캐서 껍질을 벗기느라 손끝에 암녹색 풀물이 들었다. 그 손이 우리 집 식탁에 봄을 차려낸다. 쓴맛을 덖고, 햇살을 무치고, 바람을 곁들여 한 그릇의 계절을 완성한다.

닫는 글
엄마나무, 히말라야시다

테라스 중앙 계단 앞에 히말라야시다 한 그루가 서 있다. 우리 정원에서 가장 눈에 띄는 나무, 가장 먼저 보이고, 가장 오래 남는다. 마치 정원의 심장처럼.

우리 집은 1992년, 미국 몬태나주에서 공수해온 삼나무 목재와 그곳에서 건너온 목수의 손길로 지은 통나무집이다. 고등학교 2학년 겨울, 아빠는 관광농원 사업을 시작하며 대출을 받아 집을 짓고, 그해 겨울 정원도 완성했다. 추운 날씨에도 아빠는 정원을 비워둘 수 없었다. 그 중심에 심은 나무가 바로 히말라야시다였다.
그때는 겨우 크리스마스트리만큼의 키였다. 손을 뻗어 우듬지 끝에 별을 달 수 있었고, 가지마다 흰 눈이 내려앉으면 굴뚝이 솟은 통나무집과 어우러져 마치 외국 그림책 속 한 장면 같았다.

히말라야시다는 은청색 잎을 지닌 상록침엽수다. 장대하고 웅장한 수관을 뽐내며 30m까지 자라는 이 나무는 보통 공원이나 가로수, 광장에 주로 심는다. 도시 공해에도 강하고 생장 속도도 빠르다. 그러나 뿌리를 지표면 가까이에 펼치는 천근성이라 강풍에는 약하다.

집을 짓고 15년쯤 지나자 히말라야시다는 층고가 높은 우리 집 지붕을 훌쩍 넘어섰다. 집 앞에 이렇게 큰 나무가 서 있는 걸 두고 많은 사람이 걱정스러운 눈빛을 보낸다. 가지가 집을 집어삼킬 듯 뻗었고, 바람이라도 세차게 불면 집 위로 쓰러질까 두려워했다.
"이 나무는 너무 커서 못 쓰겠소. 태풍 불어서 집으로 엎어지면 어쩔라고. 혹시 벨 사람 없으면 부르시오. 우리가 베줄라니까."
경찰 두 명이 순찰 중 들렀다 가며 던진 말이다.
할머니는 어느 날 남동생에게 조용히 말했다.
"느 아빠 없을 때 살째기 배부러라."
실제로 태풍이 한 차례 몰아쳤던 어느 여름, 주차장 쪽 히말라야시다 한 그루가 쓰러졌다. 다행히 그날은 그 자리에 차가 없었다.
하지만 아빠는 히말라야시다만큼은 쉽게 포기하지 않았다. 나무 집사를 자처하며 웬만해선 가지 하나도 함부로 자르지 않았다. 결국 가족들이 머리를 맞댔다. 나무를 완전히 베어내는 대신, 정원의 중심에 어울리는 형태로 '돌보는 가지치기'를 하기로 했다.
남동생이 사다리를 들고 나무 곁에 섰다. 아빠는 주변의 관목들과 화초들을 살피며 보조에 나섰다. 남동생은 사다리 꼭대기에 올라 무게중심을 조심스레 잡고, 여러 갈래로 뻗어나간 곁가지를 쇠아 톱으로 잘라냈다. 옆으로 길게 뻗친 가지도 짧게 썰어냈다. 아래쪽에 있는 화초들이 다치지 않도록 아빠가 밑에서 보조했다. 지붕

높이에 맞춰 나무 우듬지도 잘라냈다. 톱질은 조용했지만, 그 아래에서 가지가 툭툭 떨어질 때마다 우단동자, 자주달개비, 제비꽃들이 놀란 듯 잎을 흔들었다. 가지 하나하나가 어디로 넘어질지 몰라 아빠는 줄을 묶어 방향을 유도하며 가지를 받아냈다. 연못이 내려다보이는 테라스 중앙, 그곳의 시야가 다시 열렸다. 연못 위로 흘러가는 하늘과 구름이 다시 집 안으로 들어왔다.

그날 이후, 연못가 히말라야시다들도 같은 방식으로 가지를 정리했다. 듬성듬성 남긴 곁가지는 바람길을 만들고, 나무의 생장 방향을 조절했다. 그로부터 몇 년, 히말라야시다는 다시 장엄하게 뻗어 나갔지만, 이번에는 바람과 햇살과 함께 사는 법을 터득한 듯했다.

속사정을 모르는 사람들 눈에는 여전히 위협적으로 보일지 모른다. 하지만 여름이면 그 아래에 진한 그늘을 드리우고, 겨울이면 북서풍을 막아주는 고마운 나무다. 무엇보다, 그 나무 밑에선 식물들이 무성하게 살아남는다. 제피나무, 고로쇠단풍, 사랑초, 국화, 우단동자, 잔대, 더덕, 도라지…… 심지어 복수초가 사라진 자리에, 히말라야시다 곁의 식물들은 오히려 가장 먼저 꽃을 피운다. 맨드라미, 국화, 사랑초꽃은 히말라야시다의 날개 같은 가지 아래에서 된서리를 견디며 초겨울까지 피어 있다. 잎을 늦게 떨어뜨리는 더덕과 잔대, 도라지는 그만큼 뿌리를 더 키운다.

고양이들도 그 나무를 좋아한다. 나무껍질이 거칠고 얇게 벗겨지기 때문에 캣타워 삼아 발톱을 세운다.

정원의 중심이자 생명의 타워, 히말라야시다!

가지를 쳐낸 히말라야시다는 몸집은 줄었지만, 바람이 스친 자리마다 단단한 옹이가 솟아올랐다. 어느새 단단해진 나무의 몸. 잘려 나간 틈으로 생이 뚫고 나온 것이다. 우듬지를 잘라냈지만 중심은 오히려 무거워졌다. 나무껍질은 해마다 벗겨져 결이 더 거칠고 투박해졌다. 회갈색 껍질은 터질 듯 갈라져, 속살이 드러난 틈마다 고요한 생의 소용돌이가 흔적으로 남았다.

그 나무 앞에 서면 할머니의 손이 떠오른다. 땅을 일구다 굽은 손가락 마디마디에 굳은살이 돋았고, 손등엔 햇빛이 깃들어 검버섯이 피었다. 한평생 바람에 흔들리면서도 쓰러지지 않고 서 있는 한 그루의 생. 할머니는 나무처럼 살아냈고, 그 삶은 주름마다 한 겹씩, 살아 있는 나이테였다.

할머니 방 창문 앞으로 길게 드러누운 햇살 아래, 제비꽃이 피고 지고, 우단동자가 몸을 일으킨다. 자주달개비가 그 곁을 채운다. 비비추와 돌나물, 패랭이꽃, 작약, 상사화, 맥문동, 들깨, 고들빼기, 털중나리…… 때로는 복수초가 사라지고, 어느 해에는 자주달개비가 정원을 점령한다. 한 해의 강수량과 햇볕의 양에 따라 주인공이 바뀌는 정원. 여기에는 시든다고 해서 사라지는 존재도, 한 번 핀다고 주인이 되는 존재도 없다.

지금 우리 집에는 4대가 산다. 그 중심에, 할머니라는 큰 생명의 나무가 있다. 그리고 그 품 아래, 우리는 북적이고 어우러지며 자란다. 저마다의 속도로 꽃을 피우고 열매를 맺는다. 가지와 가지는 서로의 햇빛을 나눠 쓰고, 때로는 바람을 대신 맞아준다. 세월이 깊어질수록 뿌리는 더 아래로 내려가 우리를 붙잡아 주고, 우리는 그

품 안에서 계절을 배운다.
아빠는 그런 할머니를 '엄마나무'라 부른다.

큰 나무 한 그루
주렁주렁 탐스런 열매
많이도 열려 있다

그중에 농익은 열매 두 개
그 아래 풋풋한 열매들
입에 군침이 돈다

또 그 아래 어여쁜 열매들
아롱다롱 커 가고
수많은 가지마다
꽃눈이 가득

모진 한파
거센 폭풍우
홀로 견디면서도
한없는 열매 사랑
그 누가 알까

열매들이 잘 익어

온 세상 사람들의 입맛에
부디 맞기를.

정동신, 「엄마나무」

에필로그
지금도 우리는 유풍농원에 산다

    집을 나선다. 30년 넘은 통나무집 계단이 삐그덕 삐그덕 잘 다녀오라고 인사한다. 집 앞 자목련나무 아래 10년째 사는 장돌이가 일어나 배웅해준다. 버스를 놓칠세라 바쁜 걸음으로 내려가면서도 눈은 자꾸만 해찰을 한다. 부모님이 잘 가꾼 마늘밭이 참 푸르다. 회화나무 잎사귀가 벌써 애기손바닥만하다. 엄나무순이 다 펴버려서 아쉽다. 파릇파릇 싱싱한 머위순이 지천이다. 저녁에 머위된장쌈 먹을 계획을 세운다. 느티나무는 벌써 새 가지와 잎이 무성한데, 늦장꾸러기 배롱나무는 이제사 잎눈이 터진다.
    유풍농원 간판 앞에서 길을 건너 버스를 기다린다. 학교 가는 길. 월요일부터 금요일까지 오후 1시가 되면 버스를 타고 석곡초로 가서 기초학력 수업을 하고, 5시쯤 집으로 돌아온다. 아이들을 만나고 집으로 돌아가는 길. '덕흥, 바울요양원, 대추정, 농공단지, 연반, 용반, 부산물자원화센터'를 지나면 삼기면이다. '경악, 근촌입구, 코스'를 지나자 안내방송이 나온다.

    "이번 정류장은 유풍농원입니다."

곡성군 농어촌버스를 타고, 안내방송엔 있지만 정류장은 없는 유풍농원에 내린다. 유풍농원 간판 앞 도로변에 세워진 버스승강장 표지판은 기둥만 남고 떨어져 나갔다. 간판 뒤로 조경수들이 자라는 500여 평의 밭에 통명산 골짜기 출신의 산벚나무와 느티나무, 산수유, 배롱나무 들이 함께 자란다. 봄이면 흰색부터 연분홍색까지 다양한 색상의 벚꽃 물결이 그라데이션을 이룬다. 새잎을 내지 못하고 말라버린 산벚나무가 몇 그루인지 세어본다. 결국 네 그루나 새잎을 내지 못했다. 올겨울 화목보일러 땔감이 될 나무들이 짠하다.

아직 개화할 적기는 아니지만 라일락꽃, 등나무꽃, 아카시아꽃이 섞인 듯 달콤한 꽃향기가 바람에 실려 온다. 집으로 올라가는 길목에 서서 사위를 둘러본다. '꽃향기를 맡으면 힘이 세지는 꼬마자동차 붕붕'처럼 오르막길을 올라갈 힘이 생긴다. 옛집으로 들어가는 길목 겹벚꽃나무 연분홍 꽃구름을 넋 놓고 바라본다. 경사진 길을 올라가느라 땀이 솟는다. 시원한 맥주를 마실 생각에 발걸음이 빨라진다. 우리 집의 얼굴인 연못정원이 보이면 바로 집 앞이다. 느릅나무가 발길을 붙든다. 두 그루가 나란히 섰는데, 작은나무는 벌써 새잎을 무성하게 펼쳤고, 큰나무는 아래쪽 몇 가지 빼고 이제사 잎눈을 틔운다. 큰나무가 길쪽에 가까이 있고, 작은나무는 밭쪽에 가깝다. 줄줄이 늘어선 나무들의 달라진 낌새를 살피느라 발걸음이 늦어진다. 회화나무, 산벚나무, 홍단풍, 복숭아나무, 뽕나무밭이 되어버린 닭장, 연못정원 배롱나무, 느티나무, 블루베리나무, 향나무, 은목서, 고로쇠단풍…… 저마다 다른 속도로, 다른 색과 모양과 크기로, 다른 향기를 품고 자란다. 집에 가까워질수록 고속도로에서 올라오는 차 소리보다 새소리가 더 커진다.

"이야옹."

개냥이 수묵이가 마중 나온다. 할머니가 마루 탁자에서 마른 빨래를 정리하고 있다.

"다녀왔습니다!"

정원에 관한 나의 가장 오래된 기억은 아빠가 유풍이라는 이름으로 관광농원을 열기 전, 옛집 정원으로 거슬러 올라간다. 일요일 아침 세 자매는 아빠와 함께 풀을 뽑았다. 아랫도리를 드러낸 두 살배기 막내는 주홍 철쭉꽃이 핀 둘레돌 앞에서 누나들이 있는 화단에 들어오려고 한쪽 발을 들고 비틀거렸다. 남동생이 넘어질까봐 여동생이 호미를 집어던지고 뛰어갔다. 아빠는 풀을 뽑다 말고 어느 틈에 챙겨온 카메라로 그 풍경을 담았다.

우리 집은 33년째 유풍농원이다. 고등학교 때 도시로 나갔다가 서른다섯 살에 돌아온 고향에서 마흔아홉 살이 되었다. 고3인 건우는 세 살 때, 고1 범우는 백일 무렵부터 이곳에 살았다. 이 책을 쓰면서 아빠가 만들고 할머니의 지혜가 새겨진 유풍농원을, 가족과 함께 지키고 싶다는 바람이 굳어졌다. 유풍정원만이라도 가족 유산으로 이어질 수 있다면 얼마나 좋을까!

아빠는 지금의 나보다 젊은 마흔다섯 살에 유풍농원을 열었다. 할머니는 아흔일곱 살에도 정원의 풀을 뽑았다. 덕분에 나무와 풀,

새와 곤충의 이름을 구별할 줄 알게 되었다. 행운이다. 정원을 바라보기만 해도 강렬한 기쁨과 위안을 느낀다. 기다리고 보살피고 바라보는 돌봄의 기억이 가득한 유풍정원을, 그 기쁨을 후대에 물려주고 싶다. 함께 나누고 싶다.

유풍농원의 풍경은 가족사와 얽혀 달라진다. 나는 이곳의 풍경을 기록하고 싶다. 정원과 연못, 집과 밭과 묵정지, 산에 사는 것들을 목록으로 남기고 싶다.

유풍농원 전성기는 손님들의 발길이 이어지던 1990년대가 아니다. 중요한 것은 오늘이다. 가족이 정원을 돌보고, 밭에서 딴 상추 한 소쿠리를 테라스 식탁에 올려놓고 함께 둘러앉아 저녁을 먹는다.

지금도, 우리는 유풍농원에 산다.

부록
나의 할머니, 이순복

　나의 할머니 이순복(李順福)은 1928년 전라남도 곡성군 겸면 현정리 외갓집에서 5남매의 맏딸로 태어났다. 어린 시절 외삼촌댁 사랑방에 차려진 마을 야학에서 한글을 배우고, 1938년 2학년으로 소학교에 입학했다. 그때 남학생 32명, 여학생 8명. 아들도 학교에 보내기 어려웠던 시절, 시골에서 딸로 태어나 학교에 다니는 일은 드문 일이었다. 일제 강점기의 억압적 교육 속에서도 배움을 이어가 소학교를 졸업했다.

　1943년, '큰애기 공출'(일본군 위안부 차출)을 피하기 위해 통명산 산중의 삼기면 금계리 통명마을로 시집을 갔다. 결혼 상대는 정씨 집안의 양자로 입적된 청년으로, 결혼 초기에는 남편과 떨어져 양부모와 함께 살며 살림을 도맡았다. 1945년, 남편이 군 복무를 마치고 귀향한 후 함께 살게 되었고, 1946년 첫 아이를 잃은 뒤 1947년 둘째 아들을 낳았다. 그러나 이듬해 1948년 2월, 마을 반장이자 성실한 청년으로 알려졌던 남편이 이데올로기 갈등 속에서 연행되어 재판 없이 총살되었다. 정씨 집안의 두 어른이 관을 짜서 지게에 짊어지고, 곡성 읍내에 있는 총살장으로 가 남편의 주검을 데려왔다.

스물한 살의 나이에 과부가 되어 갓 돌 지난 아들과 시아버지를 모시며 생계를 책임지게 되었다. 국가폭력의 시대, 공산주의자 가족이라는 낙인 속에 친정으로 피신했다가 시아버지의 부름으로 다시 귀향했고, 남편의 빈자리를 대신해 농사와 길쌈으로 생계를 이어갔다. 6.25전쟁이 발발하자 정부의 소개령에 따라 본가를 떠나 몇몇 마을을 전전하며 겹방살이를 했고, 활동사진 관람 도중 총성이 울려 아들을 안고 도망친 기억은 평생의 트라우마로 남았다. 3년 간의 소개생활 끝에 통명마을로 돌아와 본가에서 갈라져 나왔다.

1961년, 아들을 광주 조대부중에 진학시키며 자녀교육에 힘썼다. 1965년 겨울, 마을 전체를 휩쓴 대화재로 집이 전소되는 불길 속에서 쌀가마니를 옮기다 간신히 목숨을 구했고, 시아버지는 큰 화상 끝에 이듬해 9월 세상을 떠났다. 아들이 고등학교 졸업을 1년 앞두고 중퇴한 뒤, 귀향해 함께 농사에 전념했다.
이후 개간법 시행에 따라 야산을 일구어 밤나무와 삼을 심고, 쌀농사도 지으며 경제적 기반을 다져나갔다.

1970년, 금계리 통명마을을 떠나 경악리 부릿재 뽕밭과 잠실에 아들과 함께 새로 터를 잡았다. 1972년 외동아들이 결혼한 이후, 한우사육과 누에치기를 본격화했다. 한때 60두의 소를 키우고, 뽕밭 네 정(町)을 일궈 해마다 누에 50장을 길렀다. 누에가 한참 먹을 때 뽕잎을 갉아먹는 소리가 소낙비 오듯 했던 그 시절, 일꾼 30여 명이 일을 거들었다.

이후 네 명의 손자손녀를 얻고 돌보며 삶의 전환점을 맞았다. 1989년 큰 손녀가 광주에 있는 고등학교로 진학하자, 그해부터 막내손자가 고등학교를 졸업한 1999년 2월까지 손주들과 함께 살며 학업 뒷바라지와 돌봄을 책임졌다. 이들은 모두 건강하고 학업 성취도가 뛰어나 큰 도시의 대학에 진학했다. 아들이 1992년 4월부터 3만 평 규모의 농원 일대를 개발해 유풍관광농원이라는 간판으로 사업을 시작하자, 식당과 펜션 운영을 돕기 위해 7년 동안 날마다 곡성과 광주를 오가며 두 집 살림을 이어갔다.

2006년 이후에는 큰손주의 가정을 도우며 다시 육아의 중심에 섰다. 첫 증손녀 출산 후 조경회사 일로 바쁜 큰손녀를 대신해 2010년까지 어린 증손주 둘을 돌보았고, 2011년 겨울, 막내손주가 귀향할 때까지 함께 경기도 용인에서 거주하기도 했다. 20여 년 만에 막내손주와 함께 곡성 집으로 돌아와, 2009년 귀향한 둘째손녀 가족, 2016년 내려온 셋째손녀까지 4대가 함께 사는 대가족 공동체를 이루었다. 수천 평 밭에서 온 가족이 함께 사계절 농사를 지었다. 아흔 이후에도 새참을 준비하고, 참깻단 묶고 털기, 토란 손질, 토란대 벗기고 말리기, 김장, 메주 만들기와 장 담그기까지 일손을 보탰다.

2016년부터는 시와 수기를 쓰며 문학 활동을 시작했다. 매일신문 시니어문학상에서 시와 논픽션 부문 특선을 수상하며 작품 활동을 이어갔다. 2020년 2월에 방영된 KBS「인간극장」'봄처녀와 옥구슬', 2024년 1월에 방영된「한국인의 밥상」'용용고부'에는, 딸 같은 며느리와 함께 시 짓는 할머니의 일상이 담겼다. 2025년 4월에는 둘째 손녀 정은희가 그림을 그리고 본인이 글을 쓴 그림책 『할머니의 논다랭이들』을 출간했다.

지금도 우리는 유풍농원에 산다

1판 1쇄 찍은 날 2025년 11월 24일
1판 1쇄 펴낸 날 2025년 11월 28일

지은이 정은희
펴낸이 김완준
펴낸곳 모악

출판등록 2016년 1월 21일 제2016-000004호
이메일 moakbooks@daum.net

ISBN 979-11-88071-82-1 03810

값 15,000원

* 이 책의 내용을 재사용하려면 지은이와 모악의 서면 동의를 받아야 합니다.
* 이 책은 곡성군미래교육재단에서 추진한 책쓰기 과정으로
   김탁환 작가님이 지도한 수료생들의 창작물입니다.